주 는

비 법

사기의 세계

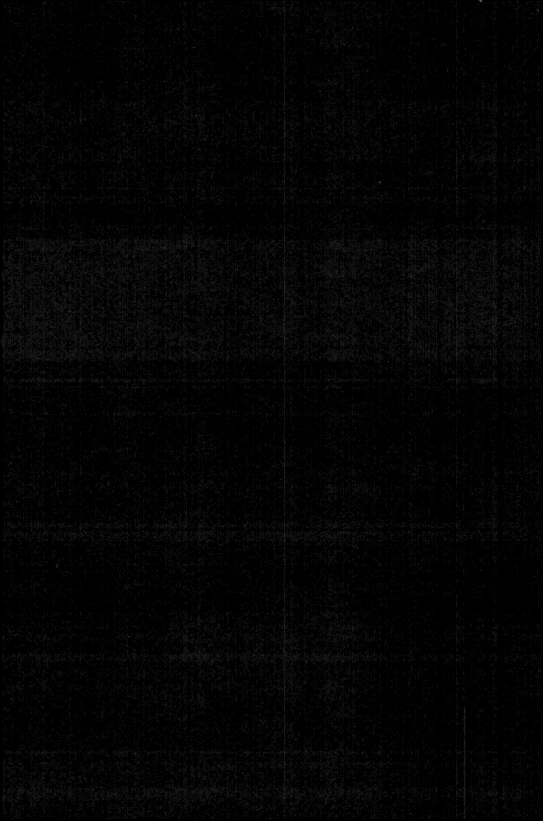

전문가가 알려주는 평생 사기방지비법

사기의 세계

사기방지연구회

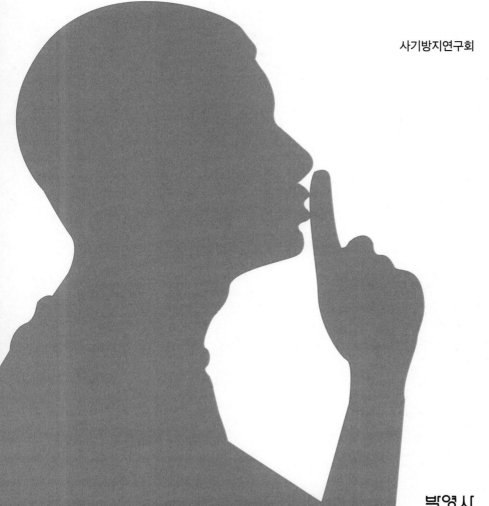

박영사

| 들어가는 글 |

2015년은 우리나라 범죄통계에서 중요한 의미를 갖는 해이다.

우리 일상생활 주변에서 흔히 일어나는 범죄인 절도죄와 사기죄의 발생 건수에 있어서 중대한 전환이 일어났기 때문이다. 2014년까지 절도죄보다 적게 발생했던 사기죄가 2015년을 기점으로(사기 247,418건, 절도 245,121건) 절도죄 발생을 넘어선 것이다. 이를 '사기죄의 골든크로스'라고 부를 수 있는데, 주식 시장에서 골든크로스가 주가 상승의 신호로 해석되듯이, 대한민국에서 사기범죄가 대세 상승 국면에 돌입했다는 신호로 볼 수 있다는 의미이다. 실제로 최근까지도 절도죄를 비롯한 대부분의 범죄가 감소하고 있지만 사기죄만은 꾸준히 증가추세를 보이고 있다.

사기죄의 계속적인 증가와 함께 그 피해액도 상상을 초월한다. 사기죄의 한 유형인 보이스피싱만 하더라도 2019년의 피해액이 약 6,398억 원(미화 약 5억 2천만 달러)으로 추산되는데, 이는 인도양의 세계적인 관광국인 몰디브 GDP의 약 1/10에 해당되며, 2020년 서초구 예산(6,989억 원)에 육박하는 액수이다.

그렇다면 왜 다른 범죄와는 달리 사기죄만 계속해서 증가하고 그 피해도 늘어나는 것일까.

많은 원인이 있겠지만, 우선 사기죄는 수법을 특정할 수 없을 정도로 다양한 형태로 발생한다(수법의 무한성).

현대사회에서 인간은 자신이 소속된 경제공동체를 벗어나 생존할 수 없다. 태어나면서부터 죽을 때까지 경제활동을 영위할 수밖에 없는데, 거래를 비롯한 수많은 형태의 경제활동에서 사기가 발생할 수 있기 때문에 그 수법은 무한대라고 해도 과언이 아니다. 그러므로 특정 범죄수법만을 염두에 둔 사기예방 대책이나 검거 위주의 범죄수사만으로 모든 사기죄에 대처하는 것은 사실상 불가능하다. 바이러스처럼 새로운 변종이 끊임없이 생기는 것이 사기의 본질이다.

돈이 있는 곳이라면 어디든 아파테(Apate, 사기의 여신)가 음흉한 미소를 지으며 피해자를 노리고 있다는 사실은 경제활동을 하는 사람이라면 어린아이부터 노인까지 누구든 사기 피해자로 만들어 버린다(대상의 무차별성).

특히 비대면·불특정·다수라는 특성을 지닌 정보통신기술이 사기죄의 수단으로 악용되면서 피해자와 피해 규모가 급증하고 있다.

이에 반해 사기피해자나 정부의 대처는 미온적이고 단편적인 것이 현실이다. 피해자는 어리석다, 욕심이 많다는 주홍글씨를 스스로 가슴에 단 채 고개를 숙이고 살아간다. 금융당국이나 수사기관 등 관련 부처는 매일 발생하는 사기죄를 분석하고 수사하기에도 역부족이다.

필자들은 현장에서 수사관으로서 근무하면서 많은 사기사건을 직접 수사하였고, 지금은 각각 경찰수사연수원과 경찰대학에서 현장에서 축적된 수사경험과 자료를 바탕으로 사기의 특성·유형 등 이론과 방지 대책을 연구하고 있다.

특히 작년에는 영국의 NFIB와 포츠머스 대학을 방문하여 선진화된 사기방지모델을 연구하기도 했고, 경찰·금감원·신용정보회사·카드사 등 다양한 분야에 근무하는 전문가들로 구성된 사기방지연구회를 설립하여 학술세미나 개최, 연구모임 운영 등을 통해 사기방지대책 수립 및 예방교육에 힘을 쏟고 있다.

사기사건의 피해자들을 보면서 이들에 대한 기본적인 예방교육과 우리 사회의 체계적이고 근본적인 접근이 있었더라면 충분히 피해를 막을 수 있었을 것이라는 생각에 안타까움이 많았다.

이 책은 이러한 안타까운 일이 더 이상 발생하지 않았으면 하는 바람에서 출간되었으며, 필자들의 연구와 경험을 바탕으로 꼭 알아야 할 사기죄의 특징과 사기피해를 당하지 않기 위해 지켜야 할 기본적이지만 중요한 수칙들을 제시하였다.

제1편에서는 사기의 특징, 분류, 역사, 다른 나라의 사기방지시스템 등 사기죄를 이해하는 데 도움이 되는 이론적인 내용을 정리하였다.

제2편은 실제 발생했던 사기사건을 사례로 소개하고, 똑같은 피해를 당하지 않기 위해 반드시 지켜야 할 수칙과 피해구제방법을 소개하였다.

제3편에서는 민·형사구제절차, 분쟁조정제도, 사기정보 조회시스템 등 유용한 팁들을 정리하였다.

이 책이 사기죄를 이해하고 예방하는 데 도움이 될 수는 있지만, 그 전부라고 생각하지는 않는다. 사기죄 발생을 줄이고 안타까운 피해자의 양산을 막으려면 사기에 대한 정확한 이해와 사기방지에 대한 국민적인 공감대 형성 그리고 전 국가적인 총력대응이 필요하다.

구체적인 방안으로 사기방지를 국가의 책무로 규정하고 학교·직장에서 사기예방교육을 의무화하는 내용을 골자로 하는 가칭 「사기방지 기본법」의 제정이 필요하며, 사기범죄의 트렌드와 유형을 분석하여 선제적이고 종합적인 대응을 할 수 있는 컨트롤 타워의 설립을 제안한다.

기본법이 제정되기 전이라도 지방자치단체, 교육기관, 기업 등에서 필자들의 뜻에 공감한다면 소속 주민, 학생, 직원들에게 우선 예방교육이라도 시행하기를 추천드린다. 간단한 지식이라도 알고 모르고의 차이가 나의 소중한 재산과 공동체를 지키는 데 결정적인 역할을 하기 때문이다.

아무쪼록 이 책이 일상생활에서 사기피해를 예방하는 데 도움이 되고, 나아가 사기범죄에 대한 총체적이고 근본적인 방지대책을 수립하는 데 밑거름이 되기를 바란다.

| 차례 |

2부 / 사기예방백신
- 생애주기별 피해사례 -

청소년기

성년기

3^부 사기피해의 예방과 구제

01.부

사기방지이론

사기위험 사회

_____ 우리는 사기위험 사회에 살고 있습니다. 과거에는 절도, 살인, 강도의 위험이 가장 컸다면 이제는 사기범죄의 위험이 매우 높습니다. 통계에 의하면 2019년 하루 평균 145명이 보이스피싱 피해를 당했습니다.[1] 2020년 코로나 사태와 관련된 신종 사기도 전 세계적으로 급증하고 있습니다. 힘들게 벌어서 어렵게 저축한 피땀 어린 돈을 전화 한 통화에 날려 버리고 자살까지 하는 사람이 있습니다. 피해금액이 바로 가족의 주택자금, 아이들의 학자금이기 때문에 한 개인만 피해를 보고 끝나는 것이 아니라 한 가정 전체가 어려워집니다. 그래서 살인범보다 사기꾼을 더 엄벌해야 한다고 말하는 사람도 많습니다. 하지만 관련 법규가 정비되지 않아 사기는 오늘날 범죄 중에서 가장 많이 발생하고 가장 큰 사회적 비용을 끼칩니다.[2]

그런데 사기를 당하는 사람들은 사회초년생, 노인, 가정주부, 저소득층 등 대부분 사회적 약자들입니다. 또 사기피해자들은 '어리석다',

---

1 금융감독원 2019년 상반기 통계로 보이스피싱, 스미싱 등 모든 전기통신금융 사기를 포함합니다.
2 서준배, '영국 런던시경의 사기범죄 수사모델과 정책시사점에 관한 연구', 「경찰학연구」 제55호, 2018.

'욕심 많다'는 비난을 받는 경우도 많습니다. 사기를 당한 것도 억울한데 비난까지 받으려니 정말 화가 나고 미칠 지경입니다. 화병으로 우울증, 대인기피증까지 생깁니다. 비난을 받는 것과 함께 사기범죄는 개인의 잘못으로 치부되는 경우가 많기 때문에 피해자들은 '사기방지 특별법'을 마련해 달라고 국회에 요청할 엄두도 못 냅니다. 그 결과 가장 심각한 민생문제 중 하나인 사기범죄는 날로 심각해지고 있습니다. 하지만 사기는 예방교육과 정부의 선제적 대응으로 싸워 이길 수 있는 범죄입니다.[3] 사기범죄는 '아는 만큼' 막을 수 있다고 합니다. 맞는 말입니다. 그래서 우리는 평소에 사기범죄의 트렌드와 수법에 대해 알고 있어야 합니다. 그래야 사기위험 사회 속에서 우리의 소중한 돈을 지킬 수 있습니다.

21세기가 사기범죄의 시대가 된 이유

_____ 어느 시점부터 우리 사회에는 강호순, 유영철, 정남규 같은 공포의 연쇄 살인마들이 더 이상 나타나지 않고 있습니다. 최근 범죄 양상에서 살인, 강도와 같은 강력범죄가 확연하게 줄어들고 있는 것은 통계로도 나타납니다. 소위 거리의 범죄자들(street criminals)이라고 말하는 강력범죄자들은 왜 줄어들게 되었을까요? 진화론을 주장한 영국의 찰스 다윈은 적자생존을 주장하였습니다. 환경의 변화에 잘 적응하는 개체는 살아남지만 그렇지 않으면 도태된다는 이론입니다. 이는 범죄 생태계에도 그대로 적용됩니다. CCTV의 증가와 DNA, 통신 추적 등 과학수사의 발전으로 전통적이고 물리적인 방식을 이용하는

---

3 베츠(Betts), 『사기와 경제범죄 수사(Investigation of Fraud and Economic Crime)』, 옥스퍼드 대학출판사, 2017.

거리의 범죄자들은 금방 검거되고 맙니다. 하지만 추적의 단서를 남기지 않고, 범인의 실체를 숨길 수 있는 고도의 지능범죄자들은 살아남고 있습니다.

  그러한 지능범죄의 대표가 바로 사기라고 할 수 있습니다. 우리나라에서 2017년 사기범죄는 24만 건, 2018년에는 총 27만 건이 발생하였는데 다른 총 범죄가 감소하는 것과 달리 사기범죄는 계속 증가 추세에 있습니다.[4] 우리사회가 '현금 없는 사회(cashless society)'가 된 것도 사기범죄 증가에 큰 일조를 했습니다. 카드결제, 계좌이체, 카카오페이 등이 보편화되자 강도, 절도는 줄어드는 대신 금융매체를 이용한 사기범죄는 늘어나고 있습니다. 그래서 보이스피싱, 스미싱 등은 그 피해가 국가적 재난 수준입니다. 2019년 상반기 중 하루 평균 145명, 일인당 1,300만 원, 하루 총 18억 원의 피해금액이 발생하였습니다.

단위: 건

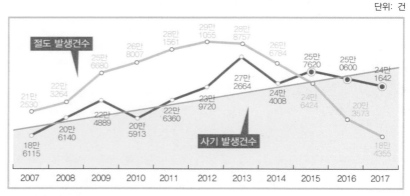

◉ 주요재산범죄 발생건수 추이
자료: 대검찰청 '2018 범죄현황'

4 경찰청 통계자료, 2019.

2011년 이후 누적 피해건수가 무려 2조 4,500억 원에 달합니다.[5] 사기범죄는 적자생존을 뛰어넘어 이제는 전기통신금융매체를 이용해 번성하고 있습니다. 결국 다윈의 진화론과 자연선택의 법칙은 범죄 생태계에도 그대로 적용되어 21세기는 사기범죄의 시대가 된 것입니다.[6]

사기범죄 '바이러스' 유사론

_____ 2020년의 가장 큰 충격은 중국 우한에서 발생한 신종 코로나 바이러스(COVID-19) 사태입니다. 전 세계가 전염병의 확산을 우려해 공포에 떨었습니다. 졸업·입학식, 개학이 취소되거나 연기되고 사람들은 극장, 백화점 등 다중이용시설의 출입을 최대한 자제하고 사회적 거리두기 운동을 벌였습니다.

ⓒ 신종 코로나 바이러스

이는 전염병의 확산을 막기 위한 조치들입니다. 이 사태를 보면서 사기범죄가 바이러스와 매우 유사하다는 생각이 듭니다.

　① 사기범죄도 계속 변이하고 진화합니다.

　21세기 의학이 아무리 발전하였지만 바이러스는 끊임없이 변이하고 신종이 생겨나기 때문에 바이러스를 완벽히 치료하는 치료제 개발이 어렵습니다. 흥미롭게도 사기범죄도 바이러스 같아서 수법이 계속 변이, 진화하고 있습니다. 요즘 유행하는 사기 중에 '카카오톡 지인사칭형' 사기가 있습니다. 가족들의 프로필 사진을 캡쳐해서 마

---

5 금융감독원 통계자료, 2019.
6 전 세계에 10만 명의 회원을 두고 사기방지와 예방교육을 위해 노력하고 있는 미국의 공인 사기 조사관 협회(ACFE)도 21세기는 '사기범죄의 시대'가 될 것이라고 전망하였습니다.

치 자식이나 형제인 것처럼 카톡을 보냅니다. 문화상품권을 구입해 주기로 친구에게 선입금을 받았는데 핸드폰 액정이 깨져서 결제를 못 하고 있다는 내용입니다. 가족들이 답장을 하면 자기 대신 문화상품권을 구매한 후 상품권의 일련번호를 사진으로 찍어 보내 달라고 합니다. 그 번호를 받으면 사기꾼들은 인터넷에서 물품을 구매하고 사라지는 수법입니다. 일련번호만 알아도 결제가 되는 곳이 많기 때문에 소위 자금 세탁을 하는 것입니다.

　　이러한 수법이 신종인 것 같지만 사실은 과거 유사한 사기의 변종입니다. 과거 군대에 가 있는 병사들의 집 전화번호를 알아내어 마치 군대 행정반인 것처럼 부모에게 전화를 겁니다.[7]

　　"거기가 김상일 일병 집입니까? 여기는 독수리 부대 행정반 홍길동 상사입니다. 김상일 일병이 훈련 중에 M-16 소총을 잃어버려서 오늘까지 찾지 못하면 내일 영창에 갑니다. 2주 동안 영창에 다녀오면 호적에 빨간 줄도 생기고 나중에 취직하는 데 어려움이 생길까 봐요.... 정말 아끼는 병사라.... 지금 ○○시장에서 200만 원이면 소총을 구할 수가 있습니다. 소총을 구입할 수 있도록 이 계좌로 돈을 보내세요."

---

7 김영헌, 『속임수의 심리학』, 웅진지식하우스, 2018.

이 수법은 군대에 가 있는 자녀들을 걱정하는 부모님의 마음을 악용한 사기수법입니다. 최근의 '카카오톡 지인사칭형' 사기도 결국은 부모님의 자식 사랑을 이용한다는 원리에서는 똑같습니다. 하지만 프로필 사진을 캡쳐해서 카카오톡으로 접근하는 수법만 변화한 것입니다. 일반 사람들이 어떤 수법으로 사기를 치고 있는지 다 알아버렸을 때는 사기꾼들이 더 이상 돈을 벌 수 없기에, 사기범죄는 시대상황에 맞게 사회적 이슈와 유행을 이용하여 진화하는 것입니다.

② 사기범죄도 노인층과 같은 특정 취약계층이 있습니다.

코로나 바이러스는 건강이 약하고 면역력이 떨어지는 70대 이상 노인층에서 치명률이 높은 것으로 나타납니다. 사기범죄도 더 쉽게 피해를 당하는 취약계층이 있다는 점에서 바이러스와 아주 비슷합니다. 보이스피싱 중에서도 검찰, 경찰, 금감원을 사칭하는 '기관사칭형' 사기가 전체 보이스피싱의 20~30퍼센트를 차지합니다. 이러한 '기관사칭형' 사기에 잘 당하는 피해층은 바로 20~30대 가정주부들입니다. 가정주부들은 일반적으로 사회경험이 부족하고 육아 때문에 사회와 단절되어 있는 경우가 많습니다. 그리고 젊은 엄마들은 대체로 법을 잘 지키고 권위에 잘 순응합니다. 필자들은 '기관사칭형' 보이스피싱의 피해자들을 분석해 봤는데 거의 대부분이 20~30대의 가정주부들이었습니다. 가정주부들은 본인의 계좌가 범죄에 이용되었다는 검사사칭 범인의 말을 믿고 안전한 계좌로 돈을 송금하려다가 평균 1~3천만 원의 사기를 당하였습니다. 이처럼 어떤 계층에게 치명적인 바이러스가 있는 것처럼 사기범죄도 그 수법에 특히 잘 빠져드는 취약계층이 있습니다.

③ 사기범죄도 잠복기가 있습니다.

신종 코로나 바이러스는 최장 2주 동안 우리 몸에 잠복해 있다가 공격을 개시하는 것으로 알려져 있습니다. 사기범죄는 이보다 짧게는 며칠, 길게는 몇 년까지 잠복기가 있습니다. 바이러스가 우리 몸에 잠복해 있는 동안은 감염된 사실조차 모르는 것처럼, 사기범죄도 잠복기간 동안은 피해자의 의심을 받지 않습니다. 투자 사기를 당하는 대부분의 사람들이 시중금리보다 높은 이자에 현혹됩니다. 사기꾼은 10억을 투자하면 매달 일천만 원을 이자로 주고 원금은 돌려준다고 약속합니다. 처음 두세 달은 예정대로 이자가 잘 나옵니다. 길게는 몇 년까지도 이자가 잘 나오는데 바로 잠복기입니다. 대부분의 피해자는 의심은커녕 요즘 같은 초저금리 시대에 이 정도의 수익이 어디냐며 만족해합니다. 하지만 잠복기가 끝나면 원금은 다 날아가고 결국은 자기 돈으로 이자를 받았을 뿐임을 깨닫지만 이미 때는 늦었습니다. 10억을 투자했다가 9억을 날리고 내 돈으로 1억 원을 나눠서 받았을 뿐입니다.

④ 사기범죄도 확산하면 지역사회를 붕괴시킵니다.

우한시가 있는 중국 후베이성은 다른 지역으로부터 격리되고 마치 유령의 도시처럼 도시기능이 한때 마비되었었습니다. 이탈리아 북부의 도시들도 사망자들이 폭증하고 초토화되었습니다. 사기범죄도 바이러스처럼 한번 전파되면 지역사회를 마비하고 붕괴시킵니다. 유사수신이나 금융피라미드 사기는 주로 가족, 친구, 동창회 등을 통해서 잘 전파됩니다. 명절 때 가족모임에서 정말 좋고 안전한 투자처가 있다는 삼촌의 말에 가족들이 하나둘 투자하기 시작합니다. 잠복기가 오래 지속되면 지속될수록 직장, 동창회까지 퍼져 선량한 피해자들이 늘어납니다. 나중에 사기꾼이 잠적하고 소문이 나게 되면 그 공동체는 완전히 초토화 붕괴되고 맙니다. 가족, 친구, 직장동료까지 어렵게 모은 피 같은 돈을 날리고 그 여파는 결국 서로가 서로를 불신하는 신뢰 붕괴, 공동체 파괴로 이어집니다. 사기범죄는 피해자 한 사람에게만 영향을 미치는 것이 아니라 그 가족과 지역사회 전체를 무너뜨리는 정말 무서운 바이러스입니다.

⑤ 최근의 사기범죄는 전 세계를 활동무대로 합니다.

신종 코로나 바이러스(COVID-19)는 중국에서 발생했지만 유럽, 미국 등 전 세계로 전파되었습니다. 이와 비슷하게 지금 매일같이 발생하고 있는 온라인 사기, 보이스피싱, 스미싱, 그리고 로맨스 스캠 범죄단은 대부분 중국, 필리핀, 베트남, 나이지리아 등 외국에 거점을 두고 있습니다. 외국에서 VPN을 이용한 인터넷전화로 전화를 걸지만, 국내에 설치된 불법 유심박스 중계기를 통해서 마치 국내전화인 것처럼 발신번호를 조작합니다. 그리고 대출상환형, 기관사칭형, 사랑스러운 연인인 것처럼 여러 수법을 이용해서 사람들에게 사기를 칩니다. 외국에 있는 사기꾼들은 하루에 1,000번 이상 같은 말을 반복하여 전화를 걸더라도 한 번만 성공하면 적게는 몇천만 원, 많게는 몇억 원을 벌 수 있습니다.

2011년 이후부터 2019년까지 무려 약 2조 5천억 원의 돈이 보이스피싱으로 인한 피해금액입니다. 이 중 대부분이 자금세탁이 되어 외국으로 넘어갔습니다. 매일같이 18억 원이나 되는 돈이 외국에 있는 보이스피싱 조직에게 흘러들어 갑니다. 인터넷과 통신수단의 발전으로 전 세계가 연결되어 편리한 점도 있지만 사기범죄가 국제화되어 전 세계를 무대로 활동한다는 문제가 있습니다.

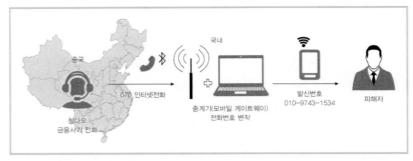

● 중국 보이스피싱 일당의 전화번호 변작수법

사기꾼은 '신뢰를 얻는 예술가'(콘 아티스트)

_____ 대한민국 「형법」 제347조 제1항이 일반 사기범죄에 관한 조항입니다. 즉, '사람을 기망하여 재물의 교부를 받거나 재산상의 이익을 취득한 자는 10년 이하의 징역 또는 2천만 원 이하의 벌금에 처한다'고 규정되어 있습니다. 사기죄를 다른 말로 편취(騙取)라고 하는데 여기선 '騙'은 속일 '편' 자로서 속여서 취한다는 뜻입니다. 사기범죄가 절도나 강도 등 다른 재산범죄와 구별되는 가장 큰 특징은 피해자가 **'사기꾼을 믿고 스스로 주도록'** 만든다는 것입니다. 이것을 교부행위, 처분행위라고 하는데 강제로 빼앗기거나 점유를 침해당하지 않고 피해자로부터 '믿음'을 얻어 내 스스로 주도록 만들었다는 점이 사기범죄의 가장 큰 특징입니다.

영미 쪽에서는 사기를 스캠(scam), 스킴(scheme)이라고 말하기도 합니다.[8] 하지만 스킴은 계획이라는 뜻도 있어서 반드시 불법적인 것만 말하는 것은 아닙니다. 그래서 사기를 말할 때 보다 정확한 영어 표

---

8 로맨스 스캠(romance scam), 폰지 스킴(ponzi scheme) 등.

현은 프로드(fraud)입니다. 하지만 이는 사기보다 더 큰 개념으로서, 정직하지 못하다는 뜻의 부정(不正)이 더 올바른 번역입니다. 우리가 흔히 '회계부정', '부정불량식품'을 말할 때 부정(不正)이라는 용어를 씁니다. 또 '부정부패'를 줄여야 한다고 말할 때의 그 부정부패(不正腐敗)

● 서양에서 발생한 사기범죄와 관련된 주요 역사적 사건들

연도	사기(fraud) 관련 주요 사건들
BC 900~800년	그리스 신화에 '기만', '사기', '속임수'의 여신인 아파테(Apate)가 등장
BC 360년	그리스 상인 헤게스트라토스가 선박과 곡물을 담보로 금융 사기를 시도하다가 발각되어 미수에 그친 최초의 금융 사기 사건 발생
1265년	신곡의 작가 단테 출생, 단테가 묘사한 9개의 지옥 중 8번이 사기지옥
1700년대	영국 사우스 시(South Sea) 버블 사건 발생, 신대륙 무역에 투자하면 고수익을 올릴 수 있다고 투자자를 모은 대규모 투자 사기 사건, 만유인력의 법칙으로 유명한 아이작 뉴턴 경(Sir Isaac Newton)도 이때 30억 피해를 입음
1820년대	스코틀랜드 출신 군인 맥그래거(MacGregor)가 남미에 환상의 국가인 포야이스(Poyais)의 최고 권력자(cazic)라고 속이고 런던 거래소에서 채권을 발행하는 등 사기행각을 벌임. 실제 배를 타고 떠난 최초의 이주자 250명 중에는 의사, 군인, 공무원 등 영국 중산층이 다수 포함되었는데, 이 중 절반 이상이 정글의 풍토병과 기근 등으로 희생되었음. 맥그래거는 이후 도주하여 프랑스에서도 동일 수법으로 범죄행각을 벌이다 검거되었음
1840년대	산업혁명과 철도의 확장이 사기범죄의 발생 범위를 크게 확장시킴
1919년	미국의 찰스 폰지(Charles Ponzi)가 국제우편 쿠폰에 투자하면 거액을 벌일 수 있다고 속이고 대규모 사기행각을 벌임
2006년	미국의 거대 에너지 기업 엔론(Enron)이 회계 사기(accounting fraud)로 파산함
2009년	한때 미국 나스닥의 회장이기도 했던 매도프(Madoff)가 미국의 금융 중심가인 월스트리트에서 거대 사기행각을 벌이다 검거됨

출처: Betts, *Investigation of Fraud and Economic Crime*, Oxford University Press, 2017, p. 4.

도 결국은 사기범죄와 부패범죄를 없애자는 것입니다.

영어로 사기꾼을 말하는 단어 중 하나가 콘 아티스트(con-artist) 또는 콘 맨(con-man)입니다. 여기서 'con'은 '속이다'라는 뜻의 접두사인데 놀랍게도 어원은 '신뢰'를 의미하는 '콘피던스(confidence)'입니다. 결국 이 영어단어에는 사기꾼은 남을 속여서 **신뢰**를 얻어내는 **예술가**라는 의미가 숨겨져 있습니다. 사기꾼은 피해자가 재물이나 재산상 이익을 스스로 주도록 만들기 위해서 피해자의 '믿음'을 얻어 내려고 매우 노력합니다. 우리나라에서도 희대의 사기꾼 조희팔을 다룬 한 영화에서 '의심은 해소시켜 주면 확신이 된다'는 명대사가 등장합니다. 사기의 본질은 피해자들을 속여서 '확신(confidence)'을 얻어 내고 '스스로 주도록' 만드는 것에 있다는 점을 잘 포착한 대사입니다.

누구나 가면을 쓸 수 있다!

_____ 그리스 신화에 나오는 거짓말, 속임수, 사기의 여신이 아파테(Apate)입니다. 로마 신화에서는 프라우스(Fraus)라고 불렸는데 사기라는 영어단어 프로드(fraud)의 어원입니다. 그런데 이 사기의 여신은 가면을 쓰고 있습니다. 즉, 가짜의 모양새와 거짓말로 자신의 본모습을 숨깁니다. 부정불량식품을 단속하는 공무원들의 얘기를 들어 보면 원산지를 속여 파는 경우가 많다고 합니다. 예를 들어, 중국산 콩과 국산 콩을 섞어서 마치 전부가 국산인 것처럼 파는 경우입니다. 진실과 거짓을 적당히 섞어야 쉽게 적발되지 않기 때문입니다.

누구나 살아가면서 자신에게 불리한 면은 숨기지만 좋은 면은 과장하고 때때로 작은 거짓말도 하면서 살아갑니다. 직장인들이 연말에 성과보고서를 작성할 때면 부모님 몰래 성적표를 고치는 학생들의 마음과 비슷해집니다. 실적평가를 잘 받기 위해서 성과보고서에 좋은 것을 과장해서 부풀려 쓰고 싶은 유혹에 빠지기 때문입니다. 회계 사기(accounting fraud)인 분식회계가 일어나는 원인도 바로 회사의 경영진들이 주가를 띄워서 보너스를 받거나 다음 임기까지 연임을 하기

사기방지연구회 상징[9]

위해서입니다. 놀랍게도, 인간뿐만 아니라 동물들도 속임수를 자주 씁니다. 아프리카에는 먹이를 빼앗기 위해 가짜 알람을 울려 경쟁자들을 도망가게 만드는 새도 있고, 맘에 드는 암컷 코뿔소에 접근하기 위해 큰 나뭇가지를 자신의 코에 붙이고 성형수술(?) 후 접근하여 사랑을 쟁취하는 수컷 코뿔소도 있습니다. 손자병법에서도 속임수와 술책으로 싸우지 않고 이기는 방법을 가장 우수한 전법으로 봅니다.

이처럼 속임수, 거짓말을 사용하는 것은 경쟁에서 살아남기 위해 동물들이 습득한 본성입니다. 하지만 인간사회에서 거짓말, 허위표시로 경제적 이득을 취하는 것은 사기범죄가 될 수 있습니다. 다른 말로 사기범죄를 '내게 거짓말을 해 봐, 돈을 줄게(Give me a lie, then I will give you money)'라고 표현할 수 있습니다. 대부분의 사람들이 일상생활에서 소소한 거짓말은 하고 사는데 만약 거짓말로 돈을 벌게 되면 사기범죄가 될 수 있다는 것입니다. 바로 이 점에서 큰 딜레마가 발생합니다. 누구나 부정의 유혹에 빠질 수 있기 때문입니다.

도널드 크레시(Donald Cressey)라는 미국의 유명한 범죄학자는 교도소에 수감된 133명의 부정범죄자들을 면담한 후, 그들이 우리 주변의 평

---

9 필자들이 속해 있는 사기방지연구회의 심볼 마크. 정의의 상징 독수리가 사기의 상징인 가면을 공격하고 있습니다. ACFR은 Association for Counter Fraud Research의 약자로 사기방지연구회라는 뜻입니다.

범한 사람들과 다르지 않음을 발견했습니다. 크레시의 결론은 은행원, 가정주부, 교회의 장로 등등 평범한 중산층 시민들도 뜻하지 않은 경제적 압박을 받게 되고, '나만 하는 것이 아니다', '잠깐만 빌리고 곧 갚을 것이다' 등등 자기합리화에 빠지며, 감시가 소홀한 기회가 있게 되면 누구라도 부정을 저지를 수 있다는 것입니다. 이 이론이 회계학 교과서에 자주 등장하는 유명한 '부정의 삼각형이론'입니다.[10]

미국에서도 사기범죄는 계속 증가하고 있고 부정범죄의 피해금액이 연 800조 원에 육박한다는 보고서도 있습니다.[11] 여기서의 부정범죄

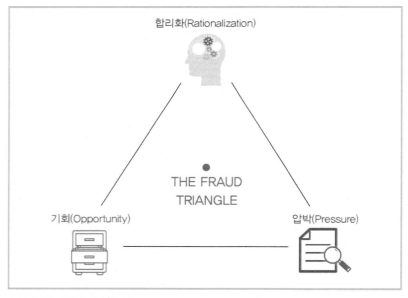

크레시의 부정의 삼각형이론

10 Donald Cressey, *Other People's Money: Study in the Social Psychology of Embezzlement*, Free Press, 1953.
11 Button, *Doing Security*, Palgrave Macmillan, 2008.

는 사기, 횡령, 배임을 포함하는데 미국과 영국에서는 횡령과 배임죄를 업무상 사기(occupational fraud), 즉 종업원이 회사를 상대로 치는 사기라고 생각합니다. 그 보고서의 서문에서는 '우리는 모두 부정범죄의 피해자이지만 동시에 부정범죄를 저지르며 산다'로 시작합니다. 사기범죄는 아담과 하와가 뱀의 거짓말에 속아 선악과에 손을 댄 것처럼 인류의 가장 오래된 범죄 중 하나이기 때문입니다.

사기 프로파일링, '콘빈서(convincer)를 찾아라!'

_____ 영화 '양들의 침묵'에 나오는 조디 포스터는 FBI 수사관 역할을 하면서 연쇄 살인마 한니발에 대한 프로파일링을 하였습니다. 이러한 프로파일링을 가해자 프로파일링(Offender Profiling)이라고 하는데 통상 프로파일링이라고 하면 이처럼 가해자를 대상으로 하는 기법을 말합니다.

① 가해자 프로파일링(offender profiling)

가해자 프로파일링에서 유명한 명제는 가해자의 수법(MO)[12]은 시간이 지남에 따라 변화할 수 있지만 범인만의 고유한 서명, 즉 시그니처(signature)는 변화하지 않는다는 것입니다. 이는 자동차 전체 디자인은 바뀌어도 자동차 앞모양은 항상 일정한 것에 비유할 수 있습니다. 가해자 프로파일링이라고 하면 대중들은 아주 전문적인 기법으로 생각하고 있지만 사실은 영화나 드라마를 통해 과장된 측면이 없지 않습니다.[13] 흔히 우리는 일상생활에서 "이번에 지원자들의 프로필(profile)을 한번 보내 봐", "그 사람 프로필이 어때?" 이런 말을 자주 쓰는데

---

12 영어로 Method of Operation, 라틴어로 Modus Operandi, 즉 범행의 수법을 말합니다.
13 남궁현·심희섭, '범죄자 프로파일링: 과학인가, 과장인가?', 「형사정책연구」 26(3), 2015.

결국 프로파일링(profiling)도 이 말에서 유래하였습니다. 어떤 사람의 프로필이라고 하면 그 사람의 국적, 성별, 나이, 학력, 직업 등을 기본으로 합니다. 가해자 프로파일링은 용의자와 비슷한 사람들에 관한 데이터 수집이 필요하기 때문에 사생활이나 개인정보 침해의 문제가 있어서 사실상 범죄수사에 널리 사용하기는 어려운 측면도 있습니다.[14]

② 피해자 프로파일링(victim profiling)

우리나라에는 잘 알려져 있지 않지만 피해자 프로파일링(victim profiling)도 영미에서 널리 쓰이는 기법입니다. 이는 피해자들에 관한 정보, 즉 나이, 성별, 직업 등을 파악해서 어떤 계층의 사람들이 어떤 범죄 피해를 많이 당하는지 파악하는 방법입니다. 특히 사기범죄에 있어서 피해자 프로파일링은 어떤 나이, 성별, 직업군이 어떤 사기에 취약한지 파악하고, 그와 비슷한 계층의 사람들에게 조기경보(early warning)를 하여 사기피해 확산을 막을 수 있다는 점에서 매우 유용한 방법입니다. 앞에서 언급한 것처럼 검찰 등 '기관사칭형' 보이스피싱은 법을 잘 지키고 순응적인 20~30대의 가정주부들에게서 많이 발생합니다. 경제적 압박을 많이 받는 40~50대 중년층에서는 '대출상환형' 보이스피싱에 취약합니다. 어떤 물품이 꼭 필요한 직업군이 그 상품을 시중가보다 저렴하게 판다는 사기에, 어떤 아이돌 그룹을 좋아하는 특정 마니아들이 그 그룹의 공연티켓을 싸게 판다는 사기에 취약한 것은 너무나 당연합니다. 따라서 피해자 프로파일링이 사기범죄에 활용되면 동일수법의 재발을 막고 피해확산을 막는 데 큰 도움이 될 수 있습니다. 아래 그림에서 영국 경찰이 하는 것처럼 피해집단의 프로필 정보를 수집해서 널리 알려야 사기를 예방할 수 있습니다.

---

14 손재영, '프로파일링 기법을 이용한 범죄수사와 범죄예방의 법적문제', 「토지공법연구」, 2007.

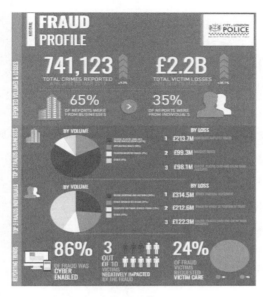

● 영국 경찰이 밝힌 사기 프로필15

③ 사기 프로파일링(fraud profiling)

사기범죄는 가해자와 피해자를 동시에 아우르는 프로파일링을 할 수 있습니다. 즉, 사기범죄에 대해서 프로파일링을 할 때는 특히 가해자가 피해자를 속이는 데 사용한 '**유인책**'과 '**기망의 핵심요소**'를 파악하는 것이 중요합니다. 우리 책에서는 처음으로 사기의 **유인책**(엔티서 = enticer)과 **기망의 핵심요소**(콘빈서 = convincer)를 파악하는 방식으로 프로파일링을 하는 방식을 제안합니다. 흔히 사기범죄는 동서양을 막론하고 낚시에 비유됩니다. **엔티서**(enticer)[16]는 낚시에서 쓰는 미끼라고

---

15 https://data.actionfraud.police.uk., 2019년 영국에서 사기범죄 신고가 총 74만 건으로, 전년 대비 9.3% 증가하였고 사업체(business)로부터의 신고가 65%로 개인보다 많았습니다.

16 entice(유인하다, 유도하다).

할 수 있습니다. 사람들을 움직이게 하는 것은 유인책, 속칭 '꼬시는 것'입니다. 사람들이 끌리는 것은 일반적으로 돈, 권력, 명예, 이성 등입니다. 그래서 사기꾼들은 주로 이 네 가지를 사기의 떡밥으로 던집니다. '돈을 벌게 해 준다', '정치인에게 청탁을 해 준다', '승진을 시켜 준다', '매력적인 이성을 소개해 준다'는 수법입니다.

하지만 사람이 물고기와 다른 점은 의심을 한다는 데 있습니다. '왜 이렇게 나한테 잘해 주지, 혹시 나를 이용해서 사기를 치려는 것은 아닐까?' 하고 처음에는 의심을 합니다. 이때 의심을 해소시켜 확신을 주는 **기망의 핵심요소, 콘빈서**(convincer)[17]가 등장합니다. 경찰이 목격자에 대해 최면수사를 할 때도 대상자에게 확신을 심어 주어야 대상자가 최면의 상태에 들어가는 것과 같습니다.

사기꾼의 말을 믿게 하는 결정적 요소인 **콘빈서**는 크게 다섯 가지로 나눌 수 있습니다.

가. 물적 콘빈서(physical convincer)

이는 위조된 신분증, 증명서, 사업자등록증 등 물적인 형태를 갖는 것을 말합니다. 처음에 당신의 계좌가 범죄에 이용되었다고 하였을 때 의심하고 믿지 않던 사람들도 위조된 검사의 신분증, 검사실 전화번호, 위조된 압수수색영장, 구속영장 등을 보여 주는 순간 의심을 접고 확신하기 시작합니다.

나. 인적 콘빈서(human convincer)

바람잡이 또는 아직 사기인줄 모르는 다른 투자자 등 사기범죄에 가담[18]하여 확신을 도와주는 본범 이외의 사람들을 인적 콘빈서라고 합니다. 사람은 사회적 동물이라 혼자 고립돼서 살아갈 수 없습니다.

---

17 convince(확신시키다, 설득시키다).
18 고의 또는 과실 모두 포함됩니다.

그리고 사람들은 여러 사람이 옳다고 하면 다수의 의견을 따라가는 성향이 있습니다. 옛말에도 여러 사람이 마음만 먹으면 한 사람 바보 만들기는 쉽다고 했습니다. 이런 경향을 이용해 사기범죄에 주로 이용되는 공범들이 속칭 '바람잡이'들입니다. 가짜 의약품인데도 주변에서 많은 사람들이 큰 효과를 봤다고 하면 처음에는 의심을 하던 이들도 설마 '이렇게 많은 사람들이 말하는데 거짓말이겠어?' 하며 확신을 하고 가짜 약품을 구입하게 됩니다. 결국 그런 바람잡이들만 많이 구할 수 있다면 이솝우화에 나오는 '벌거벗은 임금님'처럼 아무 옷을 입고 있지 않음에도 정말 멋진 옷을 입고 있다고 믿게 됩니다.

다. 심리적 콘빈서(psychological convincer)

어떤 사람과 깊은 애착관계에 있다든지, 사이비종교를 믿는다든지, 아니면 개인의 특정 경험과 연결되는 경우 쉽게 믿게 되는 경우가 있습니다. 심리적 콘빈서는 이렇게 오랜 관계나 반복적 경험으로 형성되는 경우가 많습니다. 아는 형, 동생, 동창 친구에게 사기를 당한다거나 사이비종교에 빠져 전 재산을 헌납하는 경우는 이런 심리적 콘빈서로 인해 사실 의심을 별로하지 않고 바로 믿게 되는 경우입니다. 노벨경제학상 수상자인 조지 애커로프(George Akerlof)는 상식을 따르지 않고 감정대로 행동하는 경우, 확증편향과 같은 인지편향에 사로잡혀 현실을 잘못 해석하고 행동하는 경우에도 쉽게 사기를 당할 수 있다고 하였습니다.[19] 이런 것들을 모두 심리적 콘빈서라고 할 수 있습니다.

라. 정보적 콘빈서(informational convincer)

정보적 콘빈서는 사람들이 고의적으로 조작된 정보에 속아 넘어

---

19 조지 애커로프·로버트 쉴러, 『피싱의 경제학』, 조성숙 역, 알에이치코리아, p. 14, 2016.

가는 경우입니다. 대표적인 예가 가짜뉴스에 속아 넘어가거나, 조작된 재무제표, 즉 분식회계에 의한 사기입니다. 미국에서는 2000년대 초 거대 기업 엔론(Enron)에 투자했던 주주들은 회사에서 제시하는 허위 손익계산서에 속아 넘어가 엄청난 피해를 입었습니다. 우리나라에서도 가짜 보물선 발견 뉴스를 퍼뜨려 투자자들을 끌어모으려던 사기꾼 일당들이 경찰에 검거되기도 했습니다.[20]

마. 복합적 콘빈서(multiple convincer)

물적, 인적, 심리적, 정보적 콘빈서 등 두 개 이상의 콘빈서들이 동시에 복합적으로 작동하는 경우입니다. 친한 친구라 믿었는데 위조된 계약서로 확신을 주는 경우는 심리적, 물적 콘빈서가 복합적으로 작동한 것입니다.

이처럼 속임수의 핵심이 되는 콘빈서들은 매우 다양합니다. 하지만 일반인들은 콘빈서에 대해 잘 모르기 때문에 개인에게 어떠한 콘빈서가 작동되었는지 찾아내기가 쉽지 않습니다. 그래서 콘빈서의 종류를 알고 찾아내는 사기 프로파일링을 하는 것이 핵심입니다. 콘빈서들을 알고 깨뜨려 주어야 사기를 당하지 않기 때문입니다.

사기의 정석: 폰지 사기(Ponzi scheme)

_____ 외국에서 받은 편지 한 통이 세계적인 사기 사건의 발단이 될 줄은 아무도 몰랐습니다. 찰스 폰지(Charles Ponzi)는 1900년대 초에 미국으로 건너온 이탈리아 출신의 가난한 이민자였습니다. 그는 정착 초기 매우 힘든 생활을 했습니다. 그러던 하루 폰지는 스페인에 있는

---

20 중앙일보(2019. 5. 1.), "러시아 보물선 발견" 돈스코이호 투자 사기 관계자 무더기 실형.

한 회사로부터 편지를 받았는데, 그 봉투 속에는 처음 보는 물건이 들어 있었습니다. 바로 국제우편 쿠폰(international reply coupon)이었는데 이는 답장을 해 달라고 상대국가 우표로 교환 가능한 쿠폰을 동봉한 것이었습니다. 일반적으로 우표의 가격은 물가를 반영하기 때문에 나라마다 다른데 스페인에서 구입하는 쿠폰가격이 미국의 우표값보다 훨씬 쌌던 것입니다. 폰지의 사업 아이템은 바로, 물가가 싼 나라(스페인, 이탈리아 등)에서 쿠폰을 대량으로 사다가 미국에서 우표로 교환한 후, 현금화를 한다면 큰 시세차익을 얻을 수 있다는 발견이었습니다.

이날 이후로 폰지는 '증권교환회사(Securities Exchange Company)'라는 상호로 보스턴에 법인을 설립하고 투자자들을 모으기 시작합니다.[21] 그는 이러한 국제우편 쿠폰 중개무역을 통해서 큰 수익을 얻을 수 있다고 홍보했습니다. 투자일로부터 석 달만 지나면, 원금에 해당되는 이자를 준다는 것이었습니다. '3개월 후 100퍼센트의 수익률'이라는 것인데 당시 미국 은행들의 연 이자가 5퍼센트였으니 매우 높은 수익률이었습니다. 처음에 의심을 하던 사람들도 폰지의 사업 설명을 들어 보니 그럴듯했습니다. 그리고 입소문이 나면서 투자하는 사람들이 점점 증가하기 시작했습니다. 심지어 당시 보스턴 경찰서에서 근무하던 경찰관들의 75퍼센트가 폰지에게 투자를 했다고 합니다.

하지만 폰지의 아이디어는 애초부터 실현이 불가능했습니다. 폰지가 약속한 만큼의 이자를 주려면 대서양을 건너오는 타이타닉호 같은 배 전체에 쿠폰을 가득 싣고 와서 팔아야만 약속한 수익을 낼 수 있었습니다. 그리고 그러한 국제우편 쿠폰의 대량매매를 당국에서 인정해 줄 리도 만무했습니다. 그렇다면 어떻게 '3개월에 100퍼센트'라

---

21 미국에서 금융, 증권범죄를 담당하는 부서도 미국증권거래위원회(Securities Exchange Commission)인데 같은 S.E.C. 약자를 가지고 있습니다.

는 고수익을 폰지는 실현할 수 있었을까요? 그 답은 다름 아닌 '돌려 막기'였습니다. 먼저 투자한 사람들에게 이자를 주기 위해 후순위 투자자들의 원금에 손을 대는 것입니다. 그렇지 않으면 이런 고수익은 유지될 수가 없었습니다. 그런데도 사람들은 왜 이런 '돌려 막기' 투자 사기에 속았던 것일까요? 폰지 사기의 수법을 단계적으로 정리해 보겠습니다.

① 처음에는 매력적인 사업계획으로 투자자들을 끌어모읍니다.

투자자들을 끌어모으기 위해 사기꾼들은 사람들을 매력적인 말로 현혹합니다. 폰지도 우표가 유가증권에 속한다는 점에 착안, 증권교환회사(SEC)를 설립하고 고수익을 보장했습니다. 최근에는 보물선 발견, 해외자원투자, 비트코인, 가상화폐 등이 투자자들을 끌어모으기 위해 자주 이용되는 단어들로 나타납니다.[22] 일반인들이 투자계획을 물어보면 사기꾼들은 그럴듯한 말로 수익을 낸다고 설명합니다.

② 약속한 이자를 정기적으로 지급하여 신뢰를 쌓습니다.

사람들은 누구나 빨리 부자가 되고 싶어 합니다. 그래서 선진 금융투자기법을 공부하고 돌아온 헤지펀드 전문가나 가상화폐 투자의 전문가라는 말에 '혹'하게 됩니다. 그리고 약속했던 높은 배당금을 정기적으로 받으면 처음에 의심을 하던 사람들도 점차 믿게 됩니다. 그러나 세상에 쉬운 돈, 공짜 돈은 없는 법입니다. 폰지가 그랬던 것처럼 처음에 그럴듯한 계획으로 투자자들을 모으기는 쉽습니다. 하지만 그 계획대로 실제로 꾸준한 수익을 내는 것은 정말 어렵습니다. 그러는 사이 사기꾼들은 자기 돈이 아닌 남의 돈으로 사업을 하는 것이기 때문에 함부로 돈을 씁니다. 그리고 이자를 지급할 날짜가 다가오면

---

22 이런 말들을 사용하면 사기라는 뜻은 아닙니다. 합법적인 투자도 많습니다.

투자자들의 원금에 손을 대고 '돌려 막기'를 해서 우선 시간을 법니다. 영어로 이런 방법을 '폴에게 갚기 위해 피터에게서 뺏는다(Rob Peter to Pay Paul)'라고 합니다.

③ 사람들의 사행심을 이용하여 확장시킵니다.

사람들은 자기가 보고 싶은 것만 보고, 믿고 싶은 것만 믿는 성향이 있습니다. 이 때문에 처음에는 의심을 하다가도 이자를 계속 받으면 투자가 정말 합법적인 것이라고 믿게 됩니다.[23] 그리고 어느 순간 다른 후순위 투자자를 모집하는 사람이 됩니다. 다시 말해 사행심 때문에 본인도 모르게 사기의 공범 역할을 하는 경우도 생길 수 있다는 것입니다. 우리나라 조희팔 사건 때 피해금액으로 추산되는 약 5~6조 원은 회사의 총 매출액이고, 검찰청 공소장에 나타나는 피해금액은 약 8,300억 원입니다. 하지만 조희팔 일당이 챙긴 실제 범죄수익금은 약 2,400억 원이라고 합니다. 이때, 약 6천억 원의 차이가 발생하는 것은 그만큼 일부 투자자들이 수당과 배당금으로 본범들과 나누어 가졌다는 얘기가 됩니다.[24] 하위 투자자들을 모으고 수당을 받는 피라미드의 상층부로 갈수록 사업의 허상을 알게 될 확률이 높은데 그럼에도 계속 투자자들을 모집했다면 사기의 공범이 될 수도 있습니다. 이처럼 폰지 사기는 사람들의 사행심을 이용하여 확장시키는 수법을 씁니다.

④ 결국 모래성처럼 무너집니다.

폰지 사기는 결국 모래성처럼 무너질 수밖에 없습니다. 만약 경기

---

23 심리학에서는 터널비전(tunnel vision) 또는 확증편향(confirmation bias)이라고 하는데 좌정관천(坐井觀天, 우물 속에서 하늘을 본다)이라는 사자성어와 의미가 비슷합니다.
24 이기수, '조희팔 사건분석을 통해서 본 유사수신행위의 법제도적 문제점 검토', 「범죄수사학연구」 2(1), 2016.

가 안 좋거나 금융위기가 오면 더 빨리 무너집니다. 후순위 투자자들이 계속 유입되지 않고 선순위 투자자들도 원금을 빨리 돌려 달라고 재촉하기 때문입니다. 한때 미국 나스닥의 회장이기도 했던 버니 매도프(Bernie Madoff)도 미국 사회의 상류층 인사들에게 최신 금융기법을 이용해 고수익을 낸다고 홍보하고 많은 투자자들을 모집하는 데 성공했습니다. 하지만 2008년 미국 서브프라임 금융위기 때 사기의 실체가 드러나 결국 파산하고 말았습니다.[25] 하지만 본범들은 일찌감치 사업의 허상을 잘 알고 있었습니다. 그래서 '폭탄'은 다른 사람들에게 일찌감치 돌리고 본범들은 해외로 도망을 가는 경우가 많습니다.[26]

찰스 폰지의 결말은 어떻게 되었을까요? 가난한 이민자였던 그를 잘 알던 사람들은 너무나 짧은 시간에 부자가 되자 이를 수상히 여겨 수사당국에 제보하기 시작했습니다. 또 폰지 회사에서 일하던 한 직원이 그가 사기전과도 있고 돌려 막기를 하고 있다는 것을 폭로하였습니다. 결국 피해금액이 2천억 원이 넘는[27] 희대의 사기꾼으로 구속되고 10년 넘게 교도소에 수감되었습니다. 흥미로운 점은 폰지가 수감생활을 하고 있는 동안에도 어떤 사람은 편지 속에 돈을 넣어 보냈는데 '내 돈을 좀 불려 달라'고 부탁하는 내용이 적혀 있었다고 합니다. 폰지는 출소한 후 이탈리아로 추방되었고, 브라질로 건너가 1949년 쓸쓸히 죽음을 맞이하였습니다. 죽기 전 그를 찾아온 한 기자와의 인

---

25 버니 매도프(Bernie Madoff)를 배경으로 한 영화 '위저드 오브 라이즈(The Wizard of Lies, 거짓말의 마법사)'가 2017년에 개봉하였습니다. 상류층을 대상으로 비밀스런 마케팅 전략을 이용했지만 결국은 돌려 막기인 폰지 사기의 수법이 잘 나타나 있습니다. 매도프는 폰지보다 53배나 큰 피해를 끼쳤습니다.

26 영어로 '펌프질하고 버리기 전략(pump and dump strategy)'이라고 합니다.

27 $193million(2019년 미국 달러 기준).

터뷰에서 '청교도들이 영국에서 건너온 이후 미국 대륙에서 보여 줄수 있는 가장 위대한 연기(쇼)를 보여 주었다'고 자랑했다고 합니다. 미국의 사법당국은 폰지가 숨겨 놓은 돈을 찾기 위해 많은 노력을 기울였지만 결국 찾지 못했습니다.

사기범죄의 분류

_____ 사기범죄는 그 종류가 몇 가지나 될까요? 폰지 사기, 차용 사기, 계 사기, 온라인 사기, 투자 사기, 결혼 사기, 부동산 사기, 보험 사기, 증권 사기, 다단계 사기, 소송 사기, 회계 사기, 보이스피싱, 스미싱, 국제무역 사기, 사기도박 등등 정말 끝이 없습니다. 따라서 질문에 대한 바른 대답은 '인간이 생각해 낼 수 있는 창의성의 한계가 사기범죄 종류의 끝이다'입니다. 그만큼 사기범죄는 무궁무진하고 복잡하며 항상 새로운 수법이 생겨날 수 있습니다. 그래서인지 사기는 그 심각성과 빈발성에도 불구하고, 범죄학이나 형사정책연구 분야에서 우선순위를 차지한 적이 별로 없습니다. 그만큼 어렵고 쉽지 않은 범죄입니다. 하지만 사기를 기준에 따라 분류하면 생각보다 쉽게 정리할 수도 있습니다.

① 수법에 따라 분류하는 방법

영국 런던에는 사기정보분석국(National Fraud Intelligence Bureau)이라고 사기정보를 분석하고 대책을 마련하는 기관이 있습니다. 이곳에서는 사기를 수법에 따라 대략 50여 개로 분류합니다. 하지만 이곳에서도 두 번째로 가장 많이 발생하는 사기가 '기타' 카테고리로 분류된 것입니다. 즉, 정해 놓은 카테고리에 포섭되지 않는 새로운 '기타' 사기들이 계속 발생한다는 것입니다. 그래서 그 숫자는 무한대로 늘어날

○ 2015년 영국 경찰에 보고된 상위 10개의 사기(fraud) 종류

사기정보분석국(NFIB) 분류			보고건수
연번	분류번호	분류죄명	
1	NFIB-5A	수표·신용카드·온라인 뱅킹계좌 사기 (cheque, plastic card and online bank fraud)	57,973
2	NFIB-90	기타 사기(uncategorized elsewhere)	49,145
3	NFIB-3A	온라인 쇼핑과 경매 사기 (online shopping and auctions)	42,385
4	NFIB-5B	신청 사기(application fraud)	31,713
5	NFIB-3E	컴퓨터 소프트웨어 서비스 사기 (computer software service fraud)	30,705
6	NFIB-3B	소비자 전화 사기(consumer phone fraud)	25,390
7	NFIB-1H	기타 선비용 사기(other advance fee fraud)	24,939
8	NFIB-3D	기타 소비자 비투자 사기 (other consumer non-investment fraud)	16,137
9	NFIB-7	통신 산업 사기(계약의 오용) (telecom industry fraud-misuse of contracts)	15,862
10	NFIB-3G	소매 사기(retail fraud)	9,475
총계			303,724

수 있다는 단점이 있습니다. 하지만 이 방법은 사기꾼의 수법을 잘 파악할 수 있기 때문에 추가적인 피해예방에는 실질적으로 큰 도움이 됩니다.

② 피해자에 따라 분류하는 방법

사기피해자를 국가, 조직체(회사), 불특정 다수, 그리고 개인으로 크게 나눌 수 있습니다. 피해자가 국가인 대표적인 사기범죄가 요즘 증가하는 보조금 사기나 세금 부정환급 사기입니다. 피해자가 조직체(회사)인 대표적인 경우가 보험 사기나 종업원에 의한 업무상 횡령·배임

죄입니다. 피해자가 불특정 다수인 대표적인 범죄가 보이스피싱, 스미싱 등 전기통신금융 사기와 중고물품 온라인 사기입니다. 마지막으로 피해자가 특정 개인인 사기범죄가 전통적인 차용 사기, 사기도박, 투자 사기 등등입니다. 하지만 투자 사기처럼 어떤 사기범죄들은 피해자가 개인일 수도 있고 불특정 다수일 수도 있어서 다중 사기와 개인 사기는 경계가 모호해지는 경우도 많습니다.

③ 사이버 수단이 이용되었는지에 따라 분류하는 방법

인터넷과 통신기술의 발전으로 최근 사기범죄의 60퍼센트 이상은 사이버(온라인)를 이용한 범죄입니다.[28] 이를 사이버이용 사기범죄(cyber enabled fraud)라고 합니다. 온라인 중고물품 사기가 대표적이고, 전기통신금융 사기도 이에 속합니다. 과거에 유행하던 전통적인 선불금 사기, 차용 사기 등 사람을 직접 만나서 속이는 아날로그적 수법의 사기범죄는 점점 감소하고 있습니다.

④ 사기꾼의 고의와 계획성에 따라 분류하는 방법

고의성과 계획성이 낮은 범죄부터 센 범죄까지 차례로 연성(軟性) 사기, 경성(硬性) 사기, 그리고 악성(惡性) 사기로 나눌 수 있습니다. 연성(軟性) 사기는 처음부터 사기를 계획하지는 않았지만 사업의 실패, 과다한 채무발생, 불의의 사고 등으로 인해서 중간에 변제능력이 없어졌는데도 이를 숨기고 거래를 하다가 결국 망하는 경우입니다. 즉, 처음에는 사기의 고의가 없었으나 중간에 변제능력이 사라지는 경우를 말합니다. 경성(硬性) 사기는 처음부터 고의를 가지고 시작하는 경우를 말합니다. 회사를 세우고 일정기간 동안만 신용을 쌓은 후, 외상으로 물건을 대량 주문한 다음 물건만 받고 도주하는 경우가 있습

---

28 경찰대학 치안정책연구소, 2019.

니다.[29] 이는 처음부터 의도하였거나 바지사장을 내세워 준비한 경우라고 볼 수 있습니다. 마지막으로 악성(惡性) 사기는 최근의 유행하는 보이스피싱처럼 치밀한 계획과 준비, 그리고 지휘통솔을 하는 범죄단체를 만들어서 사기를 치는 경우를 말합니다. 이들은 사기를 치는 것이 직업이기 때문에 전문 사기꾼 집단이라고 할 수 있고 추적이 매우 어렵습니다.

가장 심각한 문제는 과거에는 연성 사기가 대부분이었다면 최근에는 경성, 악성 사기들이 크게 늘어난다는 것입니다. 이는 우리 사회의 변화 때문입니다. 과거 어르신 세대에는 아는 사람들 간에만 금전거래가 주로 있었습니다. 급전이 필요해도 아는 친인척이나 친구들 사이에서만 주로 융통이 이루어졌고 계도 주로 동네에서 서로 아는 주부들 사이에서만 조직되었습니다. 모르는 사람과는 거래를 하지 않았던 것입니다. 하지만 사회가 점점 익명화되고, 컴퓨터, 인터넷 등 전기통신기술이 발전하다 보니 이제는 꼭 아는 사람이 아니더라도 누구라도 쉽게 관계망을 맺고 온라인으로 금전거래를 할 수 있습니다. 이렇게 확대된 관계망을 통해 불특정 다수의 사람들이 사기피해를 당할 위험에 놓이게 된 것입니다.

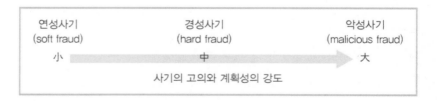

연성사기 (soft fraud)	경성사기 (hard fraud)	악성사기 (malicious fraud)
小	中	大

사기의 고의와 계획성의 강도

---

29 영국에서는 이런 사기를 롱펌 프로드(long firm fraud), 즉 '오래가는 회사(long firm)'일 것처럼 신용을 쌓은 후 도주하는 사기라고 합니다.

사기범죄는 피해자의 잘못? 사기범죄도 '미투'가 필요하다!

_____ 사기범죄의 특징 중 하나가 피해자가 스스로, 그리고 다른 사람들로부터 비난을 받는 경향이 있다는 점입니다. 이는 아주 심각한 문제입니다. 보이스피싱, 유사수신에 당한 많은 피해자들이 창피해하고, 심지어 극단적 선택을 했다는 기사를 우리는 심심치 않게 접합니다. 실제로 사기범죄를 당한 많은 피해자들이 우울증, 두려움, 불면증, 고립감, 대인기피증을 앓습니다. 또 피해자들이 겪는 큰 트라우마 (trauma)가 스스로 어리석어 사기를 당했다고 자책한다는 점입니다. 하지만 이런 현상은 과거 성폭행 피해자들에게도 나타난 적이 있습니다. '여자가 왜 그렇게 밤늦은 시간까지 술을 마셔?', '여자가 왜 그렇게 짧은 치마를 입고 다녀?' 등등 성폭행을 당한 피해자들도 과거 비슷한 비난과 책망을 받는 경우가 있었습니다. 하지만 지금은 여성 단체들의 노력과 사법기관 담당자들에 대한 인식개선 교육으로 이러한 비난이 거의 사라졌습니다. 그리고 피해사실을 적극적으로 신고하는 미투(me too) 운동도 전 세계적으로 활발히 일어나고 있습니다.

사기범죄를 당한 것은 결코 피해자의 잘못이 아닙니다. 성폭력 피해자에 대한 인식이 시민단체의 노력과 교육으로 확실히 달라졌듯이 사기피해자들에 대한 편견과 비난을 없애자는 사회운동이 꼭 필요합니다. 사기를 당하고도 정말 많은 피해자들이 사회의 비난과 스스로에 대한 책망 때문에 신고도 제대로 못하고 있습니다.[30] 천재나 유명인사들도 사기를 당합니다. 만유인력의 법칙을 발견한 영국의 천재 아이작 뉴턴도 말년에 해외무역 투자 사기를 당하여 1700년대 당시

---

30 형사정책연구원의 '전국범죄피해조사(2016)'에 따르면 사기를 당하고 실제 신고한 비율이 전체의 21.5%에 불과한 것으로 나타났습니다.

돈, 약 30억 원의 엄청난 피해를 당했습니다.[31] 실존 사기꾼을 그린 영화 '캐치 미 이프 유캔(Catch Me if You Can)'의 감독 스티븐 스필버그도 미국에서 50조가 넘는 피해금액을 발생시킨 매도프의 폰지 사기(Madoff Ponzi scheme)의 피해자 중에 한 명으로 알려져 있습니다. 평생 경찰관을 하다 퇴직한 사람들 중에서도 사기를 당하여 퇴직금을 날리는 경우가 발생합니다. 이들 모두 하는 말이 '내가 잠시 뭔가에 홀린 것 같았다'라고 말합니다.

어리석어 당하였다는 것 외에 사기피해자들이 당하는 또 다른 비난 중 하나는 욕심이 많아서 그랬다는 비난입니다. '그렇게 좋은 것이 있으면 혼자 하지 알려 주겠어?', '왜 그렇게 욕심을 부렸어' 등의 책망이 그것입니다. 특히 최근의 저금리 기조와 맞물려 시중금리보다 높은 수익을 준다는 가상화폐 투자 사기에 피해자들이 많이 현혹되고 있습니다. 사기꾼들은 아주 고수익을 내세우지도 않습니다. 그들은 의심을 피하기 위해 시중금리보다 조금 높은 금리를 내세울 뿐입니다. 피해자들 중에는 나름대로 따져 보고 투자를 했다가 사기를 당하는 경우가 많습니다. 이익을 추구하는 인간의 본성을 호리지성(好利之性)이라고 하는데 누구나 빨리 부자가 되고 싶고, 누구나 한 푼이라도 아끼고 싶어 합니다. 이러한 인간의 본성에서 자유로울 수 있는 사람이 과연 몇 명이나 될까요? 따라서 사기를 당한 피해자들에게 너무 욕심을 부렸다는 비난을 해서는 안 됩니다. 그렇게 비난을 하는 사람도 언젠가 사기를 당할 수 있다는 점, 또 사기꾼들은 피해자에게 비난의 화살을 돌리는 수법으로 지금까지 법망을 교묘하게 벗어나고 있다는 사실을 명심해야 합니다.

---

31 '아이작 뉴턴은 어떻게 남쪽바다 버블(South Sea Bubble)에 돈을 잃었나?', http://www.openculture.com/2018/01/.

그리고 많은 사람들이 자신이 사기를 당한 줄도 모르는 경우가 많습니다. 법률, 의료, 차량수리 등 전문적인 서비스처럼 일반인이 그 성과를 측정하기 어려운 과업인 경우, 보통 사람들은 대부분 전문가의 권고를 따르기 마련입니다. 하지만 서비스를 기반으로 보수를 받는 직업에서는 이득을 위해 불필요한 서비스를 요청하는 경우가 많습니다. 필자도 노트북 수리점에 갔다가 하드디스크가 깨졌다는 말을 믿고 멀쩡한 하드를 교체하는 사기를 당한 적이 있습니다. 수리업자는 수리비로 돈을 벌고, 컴퓨터 하드를 중고로 팔아서도 또 돈을 법니다. 이처럼 피해자들은 전문 분야를 잘 모르고 그 성과를 측정하기도 어렵기 때문에 사기를 당하고도 당한지도 모릅니다. 요컨대, 사기범죄는 이익을 추구하는 인간의 본성을 이용합니다. 그리고 사기범죄는 믿는 사람에게 당합니다. 신뢰는 양날의 칼입니다. 믿는 사람을 따르면 탐색과 거래 비용(search & transaction cost)을 줄일 수 있지만 사람은 언제라도 변할 수 있습니다. 우리 옛 속담에 '열 길 물속은 알아도 한 길 사람 속은 모른다'는 말이 딱 맞는 범죄입니다. 성폭력 피해자들에 대한 인식이 사회운동과 교육으로 크게 개선된 것처럼 사기범죄 피해자들에 대한 인식개선 운동이 반드시 필요합니다. 그래야 실질적인 피해신고를 늘리고 사기범죄도 줄일 수 있습니다.

사기범죄의 피해회복률

_____ 사기를 처음 당한 사람들이 가장 많이 듣는 조언이 경찰서에 가서 고소를 하라는 것입니다. 경찰서 민원실에 비치된 고소장 양식에 피해사실을 육하원칙에 따라 작성하고 돈을 보내 준 통장사본이나 계약서 등 증거자료를 첨부하면 됩니다. 그렇게 고소장을 제출하

고 경찰서에서 고소인 보충조사를 받는 데도 보통 한 시간 정도는 걸립니다. 그리고 피해자들은 피해금액을 회복하기를 고대하면서 '떼인 돈을 돌려받을 가능성이 얼마나 되지요?' 하고 궁금해하는 경우가 많습니다. 매우 안타까운 말이지만 사기를 당하고 피해금액이 회복되는 비율이 높지가 않습니다. 우리나라의 한 통계에 의하면 사기피해자의 83퍼센트가 한 푼도 회수하지 못하였고, 약 17퍼센트의 피해자들만이 회수하였는데 전부 회수했다는 사람은 약 2퍼센트, 일부 금액만 회수했다는 사람이 약 15퍼센트였다고 합니다.[32] 영국의 통계는 우리나라보다 더 낮은데[33] 피해금액을 기준으로 전체의 0.5퍼센트가 사기 범죄의 평균 피해회수율입니다.[34]

사람들이 사기를 치는 가장 큰 이유가 경제적 압박, 즉 채무과다로 돌려 막기를 하는 과정에서 거짓말을 하는 경우가 대부분입니다. 피해금액은 이미 다른 채무변제에 사용되었거나 유흥비로 사용되어 범인들도 돈을 어디에 썼는지 모르는 경우가 많습니다. 설령 경찰서에 고소를 한다고 하더라도 죄가 입증되어 기소의견으로 송치될 확률은 약 25퍼센트 내외[35]로 나타납니다. 그리고 가해자가 구속되거나 합의를 할 확률은 그것보다도 낮습니다. 어떤 사기꾼들은 구속되더라도 '배 째'라고 나오는 경우도 있습니다. 그래서 사기범죄는 예방이 제일 중요한 것입니다.

---

32 형사정책연구원, 2016.
33 우리나라 통계의 분모는 피해자 수입니다. 영국 통계의 분모는 피해금액이라 두 통계를 바로 비교하기는 어렵습니다.
34 베츠(Betts), 『사기와 경제범죄 수사(Investigation of Fraud and Economic Crime)』, 옥스퍼드 대학출판사, 2017.
35 경찰청 통계자료, 2019.

사기꾼들을 미리 알아내는 법

_____ 하인리히의 법칙(Heinrich's Law)이라는 것이 있습니다. 어떤 대형 사고가 발생하기 전에는 수십 차례 경미한 사고와 수백 번의 징후들이 나타난다는 통계적 법칙을 말합니다. 사기꾼들의 범죄도 미리 징후가 나타나는데 이것을 **사기의 적신호**(fraud red flags)라고 합니다. 갑자기 살이 많이 빠지면 건강의 적신호라고 말하는 것과 같습니다. 이와 같은 사기범죄의 적신호를 많이 알면 알수록 사기범죄를 사전에 예방하는 데 큰 도움이 됩니다.

① 사기꾼들은 대포폰, 대포차, 대포통장, 바지사장을 좋아합니다.

'대포'라는 표현에는 허풍이나 거짓말이라는 뜻이 있습니다. 사기꾼들은 추적을 피하기 위해서, 그리고 자신들의 실체를 감추기 위해서 타인 명의로 된 핸드폰, 자동차, 그리고 계좌번호를 활용합니다. 자기 명의의 핸드폰이 있다고 하더라도 추가로 다른 사람 명의의 핸드폰, 자동차, 계좌번호를 활용하는 사람들이 있다면 사기꾼인지 아닌지 특히 의심을 해 봐야 합니다. 대포라는 표현이 회사에 적용되는 것이 바로 '바지'사장입니다. '바지'는 언제라도 벗고 버릴 수 있는 것처럼 바지사장은 명목상의 사장, 즉 가짜사장을 말합니다. 사기꾼들, 특히 경성이나 악성 사기꾼들은 추적의 단서를 남기지 않기 위해서 자기 명의로 회사를 절대 설립하지 않습니다. 나중에 법적인 책임을 피하기 위해서입니다. 우리 주변에서 노숙자나 타인 명의로 회사를 설립하는 사람들이 있다면 대부분 떳떳하지 못하고 탈세[36] 등 나중에 책임을 회피하려는 경우입니다. 보이스피싱 일당들도 '실적을 만들어

---

36 탈세(tax fraud)도 정부를 속이는 사기라고 볼 수 있습니다.

준다', '재택 아르바이트로 돈만 송금해 주면 된다', '절세를 위한 것이다' 등 갖은 수법으로 다른 사람들의 계좌(대포통장)를 모집합니다. 바로 사기의 준비단계입니다.

② 사기꾼들은 항상 '공짜'나 '좋은 것'을 제공한다고 합니다.

사기예방의 황금률이 '이 세상에 공짜는 없다'입니다. '무료 경품에 당첨됐다', '해외여행을 보내 준다', '무료 가족사진 쿠폰을 준다' 등등 우리 주변에는 '공짜'를 내세워 사기범죄에 활용하는 사람들이 많습니다. 공짜를 좋아하는 것은 인간의 본성인 호리지성(好利之性)에 해당합니다. 한때 유명마트에서 경품에 당첨됐다고 하면서 배송할 수 있도록 주소, 전화번호, 이메일 등 인적사항을 적어 넣으라고 했다가 시정명령을 받은 적이 있습니다. 이러한 것들도 모두 내 개인정보의 대가이지 무료경품은 없다는 사실을 절대 명심해야 합니다. 그렇게 적어 준 개인정보가 사기꾼들에게 몇백 원, 몇천 원에 가공되어 팔려나가 나중에 더 큰 사기범죄의 위험에 처하게 만들지도 모릅니다.

영어로는 사기를 막는 황금률을 'too good to be true'라고 합니다. 우리말로 '너무 좋아서 사실일 리가 없다'라는 표현입니다. 하지만 요즘 사기꾼들은 똑똑해서 너무 좋은 것보다는 시중보다 약간 좋은 것을 제공한다는 경우가 많습니다. 그리고 사유도 그럴듯하게 포장합니다. '갑자기 군대에 가게 되어서 사용하지도 않은 선물받은 물건을 팔려고 한다', '부동산에 투자하기 때문에 원금은 절대 손해 볼 일이 없다', '우리 친척이 엄청나게 부자라서 절대 망할 걱정이 없다' 등등 사기꾼들이 자주 쓰는 표현입니다. 현대와 같이 무한 경쟁의 각박한 사회에서 일정한 수익률이 있다면 이는 피나는 노력의 대가이지 쉽게 얻을 수 있는 것이 아님을 항상 명심해야 합니다. 쉽게 좋은 것을 얻으려는 유혹, 빨리 부자가 되고 싶은 욕망, 항상 사기꾼들이 이용하는 함정이자 미끼(엔티서)일 수 있습니다.

③ 사기꾼들은 남들보다 뒤처지고 있다고 불안감을 조성합니다.

일반 사람들은 보통 위험을 회피하는 성향이 있습니다. 하지만 남들은 다 이득을 보고 있는데 본인만 뒤처지고 있다는 불안감을 느끼면(즉 본인이 손실의 영역에 있다고 생각하면) 사람들은 위험을 추구하게 됩니다.[37] 축구 경기에서 이기고 있을 때는 수비 위주의 게임을 하다가도 지고 있는 상황이 되면 골키퍼까지 나와서 무리한 공격을 하는 것과 같습니다. 어차피 질 것이니 위험한 도전을 한번 해 보자는 것입니다. 사기꾼들도 이러한 사람들의 심리를 잘 이용합니다. '남들은 여기에 투자를 해서 큰 부자가 되었다', '오늘까지만 할인하는 대박찬스다' 등등 교묘하게 피해자들이 뒤처지고 있다고 불안감을 느끼게 만들어 위험을 추구하게 만드는 기술자들이 사기꾼들인 것입니다.

④ 사기꾼들은 분에 넘치는 '생활 스타일'을 보입니다.

이는 사기범죄의 발생의 징후 중 가장 대표적인 것입니다. 통상 사기꾼들이 피해자들의 돈을 저축하는 경우는 거의 없습니다. 대부분의 사기꾼들은 비싼 외제차, 명품과 같은 사치품을 구입하고 룸살롱에서 하룻밤에 몇천만 원 어치의 술을 마시는 것으로 알려져 있습니다. 이를 분수에 맞지 않는 소비생활(extravagant life style)이라 합니다. 만약 분수에 넘치거나 일반적인 수입으로는 감당할 수 없는 소비생활을 하고 있는 사람이 주변에서 발견된다면 그 사람의 수입의 원천이 합법적인 수단에 근거한 것인지를 조심스레 확인해 봐야 합니다. 차는 외제차, 명품 옷을 입고 다니지만 점심식사는 편의점에서 컵라면과 삼각김밥으로 때우는 사람들이 서울의 불법 다단계 사무실 근처

---

37 행동경제학의 전망이론(prospect theory)으로서 준거점(reference point)을 어디에 두느냐, 즉 행위자가 이득의 영역이냐 손실의 영역에 있느냐는 스스로의 인식에 따라 '위험회피' 또는 '위험추구'로 사람의 행태가 바뀔 수 있습니다. 이 이론으로 다니엘 카네만(Daniel Kahneman)이 2002년 노벨경제학상을 수상하였습니다.

에 아주 많다고 합니다. 금융피라미드 사기를 수사했던 경찰관들에게 확인한 내용인데 사기꾼들은 피해자들 앞에서만 그럴듯하게 겉모습을 포장하지만 실제 자신의 수입으로는 그런 생활을 감당하지 못하는 것입니다. 그래서 우리는 어떤 사람의 자동차, 아파트, 명품, 옷차림새만 보고 쉽게 그 사람이 재력가인줄 착각하면 안 됩니다. 또 사기꾼들은 항상 '유산이 많다', '로또에 당첨됐다', '삼촌이 부자다' 등등 부의 출처가 자신의 주변에 있다고 그럴싸하게 둘러댑니다. 그렇지만 진짜 부자들은 항상 더 '짠돌이'가 많습니다. 우리 눈앞에서 부를 과시하고 자랑하는 사람들... 절대 쉽게 믿지 마십시오. 옛말에도 돌다리도 두드려 보고 건너라고 했습니다.

⑤ 일부 사기꾼들은 '이상한 행동들'을 나타냅니다.

이는 업무상 횡령·배임 사건을 저지른 직장인들에게 자주 나타납니다.[38] 아직 전문적이지 않은 연성 사기꾼들은 죄책감이나 적발의 두려움으로 인해 커다란 스트레스를 받게 되고 양심의 가책을 느껴 '이상한 행동'이나 '눈에 띄는 행동의 변화'를 나타내는 경우입니다. 심리학에서는 이러한 메커니즘을 인지부조화(cognizance dissonance)라고 하는데 쉬운 말로 '양심의 가책'을 느끼기 때문에 나타나는 징후입니다. 하지만 경성 사기, 악성 사기 등 처음부터 사기를 치려는 전문 사기꾼들에게는 이러한 행동적 변화가 잘 나타나지 않습니다. 그리고 초보 사기꾼들도 시간이 지남에 따라 이러한 행동적 변화들이 점차 약해집니다. 이러한 행동적 변화를 가장 잘 탐지할 수 있는 사람들은 바로 주변의 동료, 친구, 가족들입니다. 멀쩡하던 부하직원이 팀장의 눈을 못 마주치고 아래 표 속에 나타난 것과 같은 행동들을 보인다면? 유심히 관찰해서 혹시 회삿돈에 손을 대고 있지는 않은지 의심해 볼 필요가 있습니다.

---

38 영미에서는 횡령과 배임죄를 직원에 의한 업무상 사기(occupational fraud)라고 말하기도 합니다.

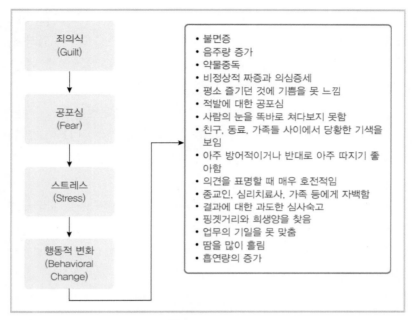

```
죄의식
(Guilt)
  │
  ▼
공포심
(Fear)
  │
  ▼
스트레스
(Stress)
  │
  ▼
행동적 변화
(Behavioral
Change)
```

- 불면증
- 음주량 증가
- 약물중독
- 비정상적 짜증과 의심증세
- 평소 즐기던 것에 기쁨을 못 느낌
- 적발에 대한 공포심
- 사람의 눈을 똑바로 쳐다보지 못함
- 친구, 동료, 가족들 사이에서 당황한 기색을 보임
- 아주 방어적이거나 반대로 아주 따지기 좋아함
- 의견을 표명할 때 매우 호전적임
- 종교인, 심리치료사, 가족 등에게 자백함
- 결과에 대한 과도한 심사숙고
- 핑곗거리와 희생양을 찾음
- 업무의 기일을 못 맞춤
- 땀을 많이 흘림
- 흡연량의 증가

● 연성 사기꾼들의 행동적 변화와 신호[39]

사기범죄와 어떻게 싸울 것인가? '예방주사와 숙주제거'

_____ 사기범죄는 너무나 복잡다단합니다. 그리고 최근에는 발달된 전기통신기술을 이용하고 해외에서 범죄단체까지 만들어 사기를 치기 때문에 싸워 이기기가 쉽지 않은 상대입니다. 특히, 불특정 다수를 상대로 벌어지는 전기통신금융 사기, 온라인 사기, 금융피라미드 투자 사기 등 악성 사기범죄가 크게 증가하여 경제적 피해뿐만 아니라, 정신적 충격을 주고, 사회적 자본인 신뢰까지 무너뜨리고 있습니다. 그럼에

---

39 서준배·심희섭, '업무부정의 발생징후와 적발방법에 관한 연구', 「한국경호경비학회」 제53호, 2017.

도 불구하고, 사기범죄에 대한 국가적 대응은 매우 미흡한 수준이라고 평가할 수 있습니다. 이는 보호법익이 생명이 아닌 재산인 범죄에 대해서는 낮은 우선순위를 두는 사회적 풍토, 사기피해자들에 대한 잘못된 비난과 피해자들의 대체로 낮은 사회적 지위 등으로 인해 국가정책결정(policy making)에 영향을 미치지 못하기 때문입니다. 하지만 우리나라와 달리 세계 금융의 선진국인 영국에서는 사기범죄에 보다 효과적으로 대응하기 위해 경찰에 사기정보분석국(NFIB)을 설립하였습니다.

우리나라에도 영국 같은 사기정보분석 기관의 설립이 절대적으로 필요합니다. 그 이유는 사기범죄는 아는 만큼 예방이 가능하기 때문입니다. 우리가 독감에 대해 **예방주사**를 맞을 때 몸 안에 약화된 병원균을 미리 집어넣어 면역력을 키워 주는 것처럼 사기범죄도 최근 유행하는 수법과 트렌드를 분석, 국민들에게 널리 홍보할 필요가 있습니다. 이는 국민들에게 정보의 비대칭성(asymmetric information)을 해소시켜 스스로를 방어할 수 있게 해 주는 원칙입니다. '정보의 비대칭성'이라는 개념은 중고차 시장에서 결함이 있는 차들이 정보부족으로 계속 선택된다는 논문에서 시작되었습니다.[40] 우리나라 중고차 시장에서도 주행거리를 조작한다든가 사고가 발생했던 이력을 숨기고 판매하는 사기범죄가 가끔 일어납니다.[41] 사기범죄는 범죄자는 알지만

---

40 경제학자 조지 애커로프(George Akerlof)는 1970년 발표한 논문(The Market for Lemons)에서 중고차 시장에서 판매자와 구매자 간에 정보의 비대칭성으로 인해 불량 자동차들만 남게 되고 이들만 역선택(adverse selection)되기 때문에 시장이 효율적으로 작동할 수 없다는 논문을 발표하였습니다 이 논문에서 좋은 자동차는 자두(plum)에, 불량자동차를 신 레몬(lemon)에 비유하였습니다. 애커로프는 2001년 노벨경제학상을 수상하였습니다.

41 일부 중고차 거래사이트에서는 차량에 대한 사고이력을 제공하고, 평균 시세보다 많이 싼 차는 위험한 범위 내에 있다고 표시하는 사기방지시스템을 활용하고 있습니다.

피해자가 모르는 정보의 불균형을 이용해서 경제적 이득을 취하는 범죄입니다. 그래서 사기를 예방하기 위해서는 투명한 정보공개로 정보부족을 해소하고, 사기예방 팁을 공지하여 스스로 사기위험을 일깨우는 시스템을 국가가 마련해 주어야만 합니다.

둘째, 바이러스가 박쥐, 낙타 등 숙주를 통해서 전파되듯이 최근의 사기범죄들은 발달된 전기통신금융매체를 통해서 이루어집니다. 사기범죄에 이용되는 계좌번호(대포통장), 전화번호(대포폰), 가짜 사이트, 가짜 회사들(바지사장)이 사기범죄 확산의 숙주가 되는 것입니다. 이런 바이러스 전파의 숙주와 같은 역할을 하는 요인들을 사기범죄의 조력요인(fraud enablers)이라고 합니다. 사기범죄에 대처할 때는 바이러스가 확산되지 않도록 **숙주들을 선제적으로 제거**해야 합니다. 즉, 사기범죄에 이용되는 계좌번호, 전화번호, 가짜 사이트 등을 신고를 받는 즉시 우선적으로 차단해 주어야 합니다. 우리나라에도 이런 제도가 있기는 하지만 선제적으로 잘되고 있지는 않습니다. 다음에 나오는 영국의 사례는 사기범죄에 이용되는 숙주를 선제적으로 제거하여 사기범죄와 효과적으로 싸우고 있는 좋은 사례입니다.

영국의 사기방지 컨트롤 타워: 사기정보분석국(NFIB)

_____ 우리나라에서는 사기범죄에 선제적으로 대응해야 한다는 공감대가 아직 형성되지 않아 사기범죄 위험요인들을 적극적으로 제거해 나갈 법적 근거가 매우 부족한 편입니다. 하지만 오랜 금융의 역사와 전통을 자랑하는 영국에서는 핸드폰이나 통장을 개설할 때 향후 이런 매체들이 사기범죄에 이용될 경우 핸드폰이나 통장이 자동으로 사용정지된다는 것이 계약내용에 포함되어 있습니다. 따라서 당

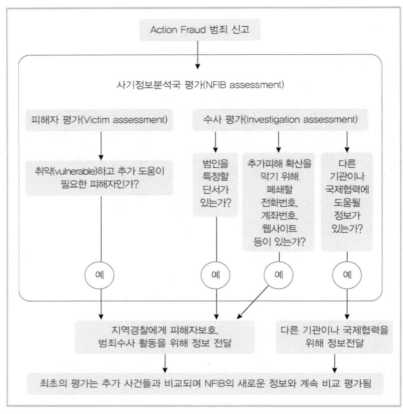

Action Fraud 범죄 신고

사기정보분석국 평가(NFIB assessment)

피해자 평가(Victim assessment)　　　수사 평가(Investigation assessment)

취약(vulnerable)하고 추가 도움이 필요한 피해자인가?

범인을 특정할 단서가 있는가?

추가피해 확산을 막기 위해 폐쇄할 전화번호, 계좌번호, 웹사이트 등이 있는가?

다른 기관이나 국제협력에 도움될 정보가 있는가?

예　　　예　　　예　　　예

지역경찰에게 피해자보호, 범죄수사 활동을 위해 정보 전달

다른 기관이나 국제협력을 위해 정보전달

최초의 평가는 추가 사건들과 비교되며 NFIB의 새로운 정보와 계속 비교 평가됨

● 영국의 사기범죄 신고, 분석, 수사 과정

사자의 동의를 근거로 사기에 이용되는 계좌와 핸드폰을 경찰이 선제적으로 정지시키고 있습니다. 이때 런던의 사기정보분석국(NFIB)이 사기범죄와의 싸움에서 컨트롤 타워 역할을 하고 있습니다. 우리나라도 이와 같은 사기정보분석 기관의 설립이 꼭 필요합니다. 이해가 쉽도록 영국(England & Wales)의 사기방지시스템을 그림으로 정리하였습니다.[42]

---

42 이 부분은 서준배, '영국 런던시경의 사기범죄 수사모델과 정책시사점에 관한 연구', 「경찰

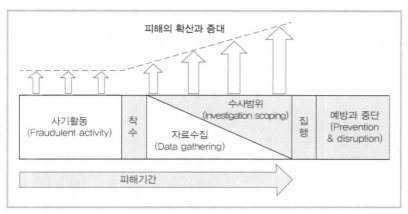

피해의 확산과 증대

| 사기활동
(Fraudulent activity) | 착
수 | 자료수집
(Data gathering) | 수사범위
(Investigation scoping) | 집
행 | 예방과 중단
(Prevention
& disruption) |

피해기간

○ 사기범죄(fraud)의 특수성

위의 그림은 사기범죄의 경우 전통적인 범죄와 피해확산 과정이
다르다는 것을 잘 보여 주고 있습니다. 사기범죄가 발생하고 피해자
가 신고를 하면 경찰이 수사에 착수합니다. 하지만 경찰이 증거를 수
집하고 범인들의 인적사항을 파악하는 기간에도, 사기범죄의 경우에
는 피해자가 계속 늘어날 수가 있습니다. 예를 들어 투자 사기의 경
우, 범인들은 사무실을 옮기면서 범행을 계속하고, 최초의 투자자들
이 피해자들을 추가로 모집하기도 합니다. 또 고수익을 올릴 수 있다
는 풍문이 사람들 사이에 확산되면서 피해규모가 계속 늘어나는 경
향이 있습니다. 사이버 사기의 경우에도 범인들이 웹사이트나 전화번
호를 계속 바꿔 가면서 피해자들을 계속 유인하기 때문에 경찰이 수
사에 착수한 이후에도 피해자 수는 줄지 않고, 오히려 피해규모가 확
대되는 경우가 보통입니다.

아래의 런던시경의 사기범죄 수사모델(FIM)의 특징은, 경찰의 사기

───────────

학연구」 제55호, 2018에서 인용하였습니다.

예방과 중단활동(prevention and disruption)이 수사착수와 함께 동시에 시작되면서 추가적인 피해확산 방지와 피해자 보호를 최우선한다는 점에 있습니다. 경찰은 사기방지(counter fraud)를 위하여 관련기관들과 협조하여 웹사이트를 차단하거나 범인들이 피해자를 모집하는 전화번호를 중단시키는 등 기술적, 금융적 사기 조력요인들, 즉 사기범죄에 이용되는 숙주들을 제일 먼저 제거해 나갑니다. 이것은 이러한 사기방지와 피해자 보호에 중점을 둔 방법으로 사기범죄의 피해확산 기간을 줄이고 피해규모도 획기적으로 감소시킬 수 있습니다. 안타깝게도 우리나라에서는 이렇게 선제적으로 계좌번호와 전화번호를 차단할 수 있는 법적 근거가 부족합니다.[43] 이에 대한 국회와 정부의 특단의 대처가 절실한 시점입니다.

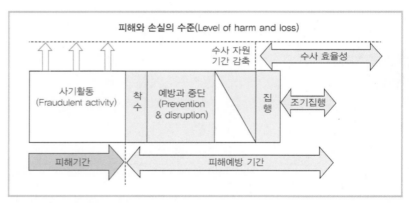

○ 런던시경의 사기범죄 수사모델(FIM)
출처: Betts, *Investigation of Fraud and Economic Crime*, Oxford University Press, 2017, p. 29.

---

43 「전기통신금융사기 피해 방지 및 피해금 환급에 관한 특별법」 제2조 정의에서 '재화 또는 용역의 제공'을 가장한 경우에는 전기통신금융사기에서 제외하고 있습니다. 따라서 사기꾼들이 '물품 또는 서비스 제공을 미끼로 사기를 쳤을 때는 지급정지, 번호중단, 피해금 환급 등 각종 피해구제수단에서 제외되는 경우가 발생합니다.

'사기예방'과 '사기방지'의 차이점은?

_____ 우리는 범죄예방이라는 말에 익숙합니다. 침입절도를 예방하기 위해 문단속을 잘해야 하고, 강력사건을 예방하기 위해 밤늦은 시간 인적이 드문 장소에 가는 것을 삼갑니다. '**예방**'은 범죄피해를 당하지 않기 위해 수동적으로 스스로 조심하는 것입니다. 하지만 '**방지**'는 범죄요인들을 선제적으로 찾아내서 제거하고 적극적으로 통제하기 때문에 예방보다 더 큰 개념입니다. 개인정보가 노출되어 사기범죄에 이용당하지 않기 위해 전화번호가 담긴 주소록을 잘 파쇄하는 것은 사기를 '예방'하기 위한 것입니다. 하지만 이미 많은 주민번호와 주소 등 개인정보가 해킹당해 절취된 사건들이 발생하였습니다. '방지'는 이렇게 노출되어 인터넷이나 다크웹에 저장된 개인정보, 즉 사기 조력요인(fraud enablers)들을 찾아내어 이를 '선제적, 적극적'으로 제거하는 것입니다.

환경설계를 통한 범죄예방(CPTED)은 주로 침입절도나 강도, 성폭력 등 강력범죄를 막기 위해 고안된 이론입니다. 하지만 사기범죄도 환경설계를 통한 범죄예방이 적용될 수 있습니다. 즉, 사기에 이용되는 대포계좌, 대포사이트, 대포폰, 전화번호 변작 프로그램 등을 선제적으로 없애 주는 것이 필요합니다. 유행하는 사기 트렌드를 교육받음으로써 예방주사를 맞아서 스스로 경각심을 높여서 '예방'하고, 사기범죄에 이용되는 가짜 매체들, 즉 숙주들을 선제적으로 찾아내서 '중지'시켜 주는 것이 '**사기방지**(counter fraud)'입니다. 그동안 우리는 사기범죄는 스스로 예방하는 것만이 전부라고만 생각해 왔고, 사기에 이용되는 요인들을 선제적으로 찾아내서 적극적으로 제거해 준다는 개념에는 익숙하지 않았습니다. 하지만 사기범죄에도 이제는 적극적이고 선제적으로 대처하는 '방지'가 꼭 필요한 시점입니다.

이 책의 구성: 생애주기별 맞춤형 사기방지

_____ 인생을 살아가면서 사기를 안 당하는 사람은 거의 없습니다. 태어나는 아기를 위해 어머니는 중고나라 사이트에서 베이비 용품을 싸게 사려다가 돈만 보내 주고 사기를 당합니다. 태어난 아이는 중학생이 되어 온라인 게임사이트에서 아이템을 사려다 사기를 당합니다. 대학에 입학해서는 용돈을 쉽게 벌 수 있다는 친구 말을 믿고 따라갔다가 다단계 합숙소에 감금되고 물품을 강매당합니다. 대학교 3학년 때는 모태솔로에서 벗어나 멋진 이성 친구를 한번 사귀어 보는 줄 알고 기뻐했지만 로맨스 스캠에 빠져 돈만 날립니다. 졸업할 때 취직을 위해서는 여러 가지 수수료가 필요하다고 해서 돈을 보내 줬는데 그 후 연락이 안 됩니다. 어렵게 취직을 하고 집을 사기 위해 대출을 받으려 알아봤는데 신용을 높이려면 거래실적을 만들어야 한다고 또 사기를 당합니다. 무수한 시련을 극복하고 이제 안정되어 여윳돈으로 투자를 하려다 더 큰돈을 날리고 맙니다. 겨우겨우 직장생활을 마치고 은퇴를 해서 퇴직금을 손에 넣었는데 안전한 부동산에 투자하라고 해서 친구가 하는 펜션사업에 투자했다가 퇴직금도 모두 날립니다. 부부는 결국 우울증에 빠지고 자식들은 대학 진학과 결혼까지 포기하고 사회의 밑바닥으로 추락합니다. 가상의 시나리오이지만 현재 대한민국에서 실제로 발생하고 있는 안타까운 현실들입니다.

이처럼 우리는 평생 사기위험(fraud risk) 속에서 살아갑니다. 그런데 사기는 예방교육을 통해서 정보의 비대칭성을 해소하면 쉽게 막을 수 있는 범죄입니다. 하지만 평생 살아가는 동안 아무도 우리에게 사기범죄 예방교육을 해 주지 않았습니다. 오히려 사기범죄를 당한 피해자들에게 '떼인 돈을 꼭 받아 주겠다'며 착수금을 요구하기도 하고, 법조 브로커가 '판·검사 로비자금' 명목으로 피해자에게 돈을 요구하여 또 사기를 치는 경우도 있었습니다. 사업을 하는 사람들 사이에는 채무자가 외상대금을 떼먹고 도망가는 일이 아주 흔하다고 합니다. 그래서 어떤 사람들은 대한민국을 '등쳐먹고 등쳐먹는 사기꾼들의 사기공화국'이라는 아주 자조적인 말을 하기도 하였습니다.

이 책은 이런 평생의 사기위험에서 벗어나기 위한 '**생애주기별 맞춤형 사기방지**'에 관한 책입니다. 생애주기를 1)청소년기, 2)성년기, 3)중장년기, 4)노년기로 나누었습니다. 그리고 나이에 상관없이 공통적인 사기범죄 위험도 같이 다루었습니다. 부디 독자들이 이 책을 읽고 사기범죄의 특징과 수법들을 잘 이해하고 정보의 비대칭성(asymmetric information)을 해소하여 곳곳에 숨어 있는 사기의 함정에서 스스로를 잘 지킬 수 있었으면 좋겠습니다. 사기범죄가 없는 신용사회를 꿈꿉니다.

02.부

사기예방백신

― 생애주기별 피해사례 ―

청소년기

만 12~19세까지로 급속한 신체적 변화에 따라 자아, 대인관계,
이성에 대한 태도와 행동에 변화를 갖는 발달단계이다. 성장급등과
2차 성징이 나타나고 사회적·도덕적 발달을 이루어 가며 진로탐색이
이루어진다. 또한 또래들과 어울리면서 부모로부터 독립하려는
마음이 강해진다. 동료들의 압박(peer pressure)에 취약하고,
사회경험이 미숙하여 아이템, 온라인 사기 등 주로 인터넷과
통신기술(ICT)을 이용한 사기범죄에 쉽게 노출된다. 또 사기를
당하고도 부모에게 혼이 날까 두려워 신고를 못 하거나, 사기피해
경험을 오히려 학습하여 호기심에 온라인 사기범죄에 가담하는
경우도 생긴다.

01

내 피 같은 사이버머니[1] – 아이템 사기

온라인 게임 메이플스토리M 유저인 이 군(15세)은 공부는 안 하고 게임만 하느냐고 엄마한테 혼났다. 그래서 좀 더 의미 있게 살기로 마음먹고, 게임 내 사이버머니인 메소를 모아 현금으로 바꿀 계획을 세웠다. 1억 메소당 4천 원쯤 하니까 주당 13억 메소씩만 벌어도 한 달이면 20만 원이 아닌가. 스트레스도 풀고, 돈도 벌 수 있다는 생각에 너무나 흐뭇했다. 그 계획은 예상보다 효과적이어서 불과 석 달 만에 150억 메소를 손에 쥘 수 있었다.

이 군이 아이템 거래사이트 '○○○매니아'에 150억 메소를 판다는 글을 올리자 어느 구매자가 달콤한 제안을 했다. "지금 즉시 거래 가능하면 63 드림. 010–1234–5678." 시세보다 3만 원을 더 준다고? 전화를 걸자 상대는 지금 바로 게임 내 마을 중앙광장에서 닉네임 '애꾸눈'이 갈 테니 거래하자고 했다. 잠

---

1 이 유형은 온라인 게임을 하지 않는 분들에겐 이해하기 다소 어려운 내용이 포함되어 있습니다. 하지만 게임 아이템에 관한 사기가 우리 주변에 이미 만연해 있고 내가 아닌 가족이 당할 수도 있다는 점에서 한 번쯤 유형 소개와 이해가 필요하다고 생각합니다.

시 후 이 군은 휴대전화로 "(○○○매니아) 63만 원 에스크로 보관 완료"라는 휴대폰 문자를 받았고, 약속 장소에서 '애꾸눈'을 만나, 150억 메소를 건네주었다. 하지만 하루가 지나도 현금이 입금되지 않자, 이 군은 ○○○매니아에 접속해서 확인해 본 결과... 구매자가 돈을 입금한 사실이 없다는 걸 알았다. 그럼 내가 받은 문자는 뭐지.... 순간 이 군의 눈앞이 캄캄해졌다.

사기방지 GUIDE

어느 게임 블로그[2]에 따르면 '메이플스토리'라는 온라인 게임에서 석 달간 150억 메소[3]를 모으기 위해서는 최소 평일에 2시간, 주말에 6시간씩은 게임에 투자하여야 하고, 게임 중에 얻은 아이템을 모두 메소로 교환해야 가능하다고 얘기합니다. 이렇게 해서 모은 메소는 1억 메소당 4천 원가량에 교환되므로 150억 메소라면 실물 가치로 60만 원 정도에 해당합니다.

사례의 주인공은 이렇게 어렵게 모은 150억 메소를 아이템 거래 사이트[4]를 통해 현금으로 교환하고자 하였습니다. 그런데 구매할 것처럼 접근했던 범인은 즉시 거래하는 조건으로 시세보다 3만 원을 더 얹어 주겠다는 제안을 합니다. 그리고 전화 통화를 하게 되는데, 결국 주인공은 자신의 150억 메소만 사기당한 채, 대금은 제대로 받지도 못했습니다. 어떤 부분에서 문제가 있었던 것일까요? 어떻게 하면 주인공처럼 이러한 아이템 사기를 당하지 않을 수 있을까요?

---

2 https://wolfy.tistory.com/55.

3 메소는 메이플스토리라는 온라인 게임 내부에서 아이템을 구매할 때 현금처럼 사용하는 사이버머니 단위를 뜻합니다.

4 온라인 게임에서 획득한 아이템이나 사이버머니를 매매할 수 있도록 중개하는 사이트입니다. 대표적인 곳으로는 '아이템매니아'와 '아이템베이'가 있습니다.

게임 아이템 거래는 첫째도, 둘째도 믿을 만한 거래사이트를 이용할 것.

　게임 아이템만큼 거래에 있어 상호 신뢰를 담보하기 어려운 대상
은 없습니다. 거래하기로 한 아이템을 제대로 주고받는 것인지, 아이
템을 전달하는 캐릭터가 돈을 주기로 약속했던 그 사람이 맞는 건지,
아무것도 확신하기 어렵기 때문입니다. 온라인 게임에서 아이템은 게
임핵[5]을 이용하여 성능이 부풀려지기도 하고, 계정의 아이디와 비밀
번호가 유출되어 제3자에 의해 조종되다가 이를 모르는 제3자에게 매
매되기도 합니다. 그래서 가장 현실적인 대안은 아이템매니아나 아이
템베이와 같은 전문 거래사이트를 이용하는 것입니다. 전문 거래사이
트는 약관에 따라 다르지만 거래된 아이템에 문제가 생기면 최대
80%까지 보상해 주고 있습니다.[6]

거래사이트를 통한 거래라고 해도, 연락처 등 개인정보는 노출하지 말 것.

　아이템 거래사이트에서는 일반적으로 매수희망자와 매도희망자가
직접 접촉할 수 없도록 임시 전화번호를 부여합니다. 자신을 경유하

---

5 게임 외부에서 작동하면서 게임을 불법 해킹하는 프로그램.
6 3~5%의 중개수수료를 받는 대가로 매매한 아이템에 문제가 생기면 최대 80% 상당 보상
　을 책임집니다. 배상비율은 수사기관에 사건을 접수했으면 50%, 수사한 결과 가해자까지
　확인되었으면 80%가 일반적입니다.

지 않고 직접 거래가 이루어지면 수수료를 수입으로 하는 중개업체의 입장에서 손해이므로 이를 피하기 위한 장치입니다.

반대로 아이템 사기꾼은 피해자의 개인 연락처를 알아내려고 여러 가지 기술을 동원합니다. 대표적인 것이 사례와 같이 급한 일이 있는 것처럼 사기꾼 자신의 휴대전화 번호를 남기는 수법입니다. 피해자가 직접 연락하게 되면 고스란히 그 연락처가 노출되고, 알아낸 피해자의 연락처로 거래대금이 정상 입금된 것처럼 속이는 가짜 메시지를 보냅니다. 아이템 거래가 익숙하지 않은 초보는 이를 보고 돈이 입금된 것으로 착각하고 주인공처럼 아이템을 넘겨주는 일이 발생합니다.

GUIDE 3

수시로 거래 진행상황을 직접 확인할 것.

그래서 명심해야 할 것이 확인, 확인, 확인인 것입니다. 믿을 만한 중개사이트를 이용하고 있다는 것만으로는 충분하지 않습니다. 또 자신도 모르는 사이에 개인정보가 유출되는 경우도 있습니다. 안전한 거래를 위해서는 반드시 중간중간 번거롭더라도 중개사이트에 직접 접속해서 거래 진행상황을 확인해야 합니다. 상대방과 개인 연락을 주고받았다면 그 이후에 받게 되는 문자통지나 SNS 알림은 가짜일 수도 있음을 주의해야 합니다. 게임이 아무리 좋아도 그렇지 장시간 게임해서 모은 보물을 사기당한다는 건 정말 피눈물나는 일이니까요.

잘 키운 캐릭터 하나 열 자식 안 부럽다는 우스갯소리가 있습니다. 시간과 돈, 노력을 들여 키우고 모은 게임 캐릭터, 아이템이 얼마나 귀한 것인 줄 안다면, 조금 돈을 더 준다고, 조금 더 편하다고 쉽게 거래하려는 일은 없어야겠습니다. 확인하고 또 확인하는 일만이 아이템 사기를 예방하는 유일한 방법입니다.

Legal Advice

형사소송

아이템 사기와 관련해서 ① 현금을 먼저 건네주고 약속한 게임머니를 받지 못한 경우와 ② 게임머니를 넘겨주고 현금을 받지 못한 경우가 있습니다. 예전에는 수사관에 따라서 이를 구별하여 ①의 경우에만 수사를 하는 경우가 있었으나, 사기죄 성립을 인정하는 판결[7]들이 적지 않고, 2014년 9월 초부터 경찰청 지침으로 모두 수사하도록 하고 있습니다.[8]

이 군의 경우에도 150메소를 넘겨주고 아무런 돈을 받지 못했기 때문에, 2번 유형에 해당합니다. 현금을 지급할 의사가 없음에도 가짜 에스크로 문자를 보내는 방법으로 속였다는 점에서 사기죄에 해당합니다. 이 군은 경찰서에 사기죄로 고소할 수 있습니다.

민사소송

「민법」상, 계약을 체결하고도 이를 이행하지 않으면, 상대방에게

---

7 가령, 서울중앙지방법원 2004. 2. 16. 선고 2003고단10839 판결.
8 더 설명을 드리자면, 전자는 소위 현금을 교부받은 재물 사기, 후자는 재산상 이익을 취하는 이익 사기 유형에 속합니다. 아이템이라는 무형물이 과연 「형법」상 재산상 이익에 해당하는지 의문을 가질 수 있습니다. 판례는 사기죄에서 재산상의 이익이란 재물 이외의 일체의 재산적 가치·이익이라고 말합니다. 사안에서 메이플스토리 게임 아이템은 이미 거래시장이 형성되어 경제거래가 활발히 이루어지고 있음을 감안하면 아이템 자체를 사기죄에서 말하는 재산상 이익으로 인정할 수 있다고 봅니다. 물론 사안에 따라서는 인정되지 못하는 경우도 있다고 봅니다.

계약의 이행을 청구하거나(가령 약정금청구), 계약을 해제 내지 취소하여 넘겨준 돈이나 물건의 부당이득반환을 청구할 수 있습니다.

이 군과 게임사의 관계는 약관에 따른 계약관계, 이 군과 사기꾼의 관계는 아이템 매매계약에 해당하며, 「민법」상 별개입니다. 따라서 게임사가 약관에 따라 이용을 정지시키는 등 제재조치를 취하는 것과 별개로 이 군은 아이템 매매계약에 따라 약속한 대금에 대한 청구가 가능합니다.[9]

사기꾼의 인적사항을 모르는 경우에는 법원에 사실조회신청을 통해 알 수 있습니다(피해구제 편 참조).

Q&A

Q. 아이템거래는 불법인가?

A. 게임 아이템을 거래하는 것은 개인 간 계약체결의 문제로 얼마든지 가능합니다. 따라서 그 자체가 불법이 되는 것은 아닙니다. 다만, 게임사는 약관에 근거하여, 사행성을 조장하거나 게임운영에 방해됨을 우려하여 이용정지 등 제재조치를 취할 수 있습니다.

---

9 매매계약을 해제 또는 취소하여 넘겨준 150억 메소를 돌려 달라고 부당이득반환청구를 할수는 있으나, 게임사가 협조해 주지 않는다면 어렵다는 문제가 있습니다.

02

그 물건 아직도 안 왔어? - 중고나라 사기

'도대체 누가 다 사간거야?' 최근 신종 감염증이 크게 유행하면서 박 씨(19세)는 하루종일 약국과 편의점을 돌았지만 마스크 하나 구할 수가 없었다. '할 수 없군. 친구가 중고나라에서 마스크 100개를 구입했다는데, 찜찜한 마음은 들지만 나도 중고나라에서 구할 수밖에.' 네이버 카페인 중고나라 게시글에서 마스크 판매를 찾는 건 어렵지 않았지만 대부분 시중가보다 2~3배 비싼 가격이었다. 박 씨는 저 돈을 다 주고 사는 게 너무 아까웠다. 글 목록을 몇 차례 넘기다가 눈에 들어온 건 "KF94 마스크 건당 100매 판매. 15만 원. 오늘 21시까지 주문받아 일괄배송. 조기품절 시 내릴 예정. 카카오톡 아이디 gucci999." 개당 1,500원이라면 시중가격 수준인데.... 게시글이 올라온 지 1시간 만에 조회수가 벌써 500이 넘었다. 그래.... 이거다. 박 씨는 판매자에게 카카오톡 메시지를 보냈고, 지정하는 계좌에 15만 원부터 송금했다. 3시간 뒤 분명 조기품절되었으리라 생각하며 다시 접속해 보니, 역시 게시글은 사라진 상태. 내 빠른 결정으로 겨우 건졌구나.... 현명한 선택을 한 것 같아 그렇게 뿌듯할 수 없었다. 하지만 며칠이 지나도록 마스크를 배송했다는 연락은 없었다. 판매자에게 카카오톡 연락도 되지 않았다.

감기가 백신이 없는 것은 끊임없이 변종 바이러스가 생겨나기 때문이라고 합니다. 언제나 새로운 모습으로 돌아오기 때문에 미리 대비하기가 매우 어려운 것입니다. 사기범죄도 그렇습니다. 항상 새로운 모습과 유인으로 자신의 정체를 감추고 시민들을 유혹합니다. "에이 그런 뻔한 수법에 누가 속냐"라고 하지만 주변 상황이 바뀌고 멘트가 달라지면 새로운 수법이 되어 선량한 시민을 공격합니다. 우리나라 대표 중고거래 카페인 '중고나라'에서 그런 일이 종종 발생합니다.

중고나라는 전문적인 쇼핑몰이나 거래를 책임중개하는 사이트가 아닙니다. 소속 회원 간 중고물품 매매의사를 교환하는 네이버 카페에 불과합니다. 따라서 매매책임이 11번가나 옥션과 달리 운영업체에 있는 게 아니라 매매에 참여한 개인들이 져야 합니다. 판매가 사기인지 여부를 중고나라에서 책임져 주지 않으니, 매수자가 나서서 확인하고 조심해야 한다는 것입니다.

사례에서 박 씨는 중고나라에서 KF94 마스크 100개를 구입하려 하였으나 사기를 당했습니다. 15만 원이라는 피해금이 크진 않지만 최근 국가적으로 이슈가 되는 감염병에 대한 시민들의 우려를 악용한 범죄이기에 더 심각합니다. 서두에 말씀드린 것처럼 사회 이슈에 편승하여 끊임없이 수단과 수법을 바꿔서 진화하는 형태라서 예방이 어려운 까닭입니다.

하지만 당하고 있을 수만은 없습니다. 자, 여러분이 박 씨라면 어떻게 해야 할까요? 누구나 알고 있는 중고나라를 현명하게 이용하는 방법에 대해서 알아보기로 합시다.

중고나라는 쇼핑몰이 아니다. 게시글이 사기일 수 있음을 항상 명심하라.

박 씨는 마스크를 검색하면서 가격만 고려하는 실수를 범했습니다. 거래에서 가격은 당연히 중요하지만, 중고나라 거래라면 거래 자체가 사기가 아닌지도 끊임없이 확인해야 합니다.

시세보다 저렴하면 사기일 가능성이 높다.

중고라고 하더라도 시세가 형성되어 있습니다. 중고거래를 하기 전에 그 시세가 어느 정도인지 인터넷 검색을 통해 확인해야 합니다. 주인공이 구입하려던 마스크도 이미 시세가 형성되어 있었죠. 처음 비싸다고 느꼈던 2~3배의 가격이 중고나라에서 거래되는 평균 시세였던 겁니다. 비싸게 팔 수 있는데, 시중가로 나왔다는 건 무언가 의심해 볼 만한 상황이라고 할 수 있습니다. 저렴하다고 해서 무조건 사기라고 할 수는 없지만 좀 더 세심한 주의를 기울여야 한다는 신호가 되기에는 충분합니다.

판매자의 사이트 접속횟수, 거래완료 내역이 적다면 사기일 가능성이 높다.

중고나라에서 사용자 프로필을 클릭하면 카페 접속횟수와 거래완료 내역이 나오는데, 횟수가 둘 다 높을수록 당연히 더 믿을 만하다고 볼 수 있습니다. 만약 접속기록이 거의 없는 신규회원이라면 아무리 좋은 조건을 제시하더라도 거래는 피하는 게 낫습니다. 사례에서 박 씨는 판매자의 정보에 대해서는 전혀 확인하지 않았습니다.

GUIDE 4

직거래가 가장 안전하고, 택배거래는 믿을 만한 사람과만 한다.

직거래는 직접 만나 상품을 보고 거래하는 것입니다. 일반 쇼핑몰처럼 택배로 물건을 보내 주는 방식은 편리하긴 하지만, 물건 대신 벽돌이 왔다거나, 사례처럼 주문만 받고 사라지는 경우가 있어 사기 위험이 큽니다. 택배거래는 충분히 신용이 확인된 판매자와만 해야 합니다.

GUIDE 5

안전거래가 좋고, 계좌이체보다는 카드결제가 더 낫다.

안전거래는 거래가 완전히 완료되기 전까지는 대금이 판매자에게 넘어가지 않기 때문에 사기를 예방할 수 있습니다. 그리고 카드결제는 카드사에 민원을 넣어 결제를 취소할 수 있기 때문에 대금이 바로 넘어가는 계좌이체보다 더 안전합니다.

경찰청 사이버안전국, 더치트에서 사기계좌, 사기전화번호를 검색해 본다.

마지막으로 경찰청 사이버안전국[10]이나 민간 사기예방사이트인 더치트[11]에서 판매자의 전화번호나 계좌번호를 검색해 보는 방법이 있습니다. 누군가가 해당 번호에 대해 사기신고를 했으면 조회되는데, 이때는 당연히 거래를 피해야 할 것입니다. 그래서 범인들은 이걸 피하려고, 게시물에 전화번호 대신 카카오톡 아이디 등을 남겨 놓는 경우가 많습니다.

지금까지 중고나라에서 사기당하지 않는 상식을 살펴보았습니다. 위에서 제시한 상식 중 단 하나라도 의심하고 확인하였더라면 피해를 입지 않았을 텐데, 주인공은 안타깝게도 단 한 가지도 지키지 않았습니다. 언제나 새로운 모습으로 나타나는 사기, 중고 파는 중고나라라고 해도 사기수법만큼은 중고가 아닌 겁니다. 바이러스에 대항하여 면역력을 키우듯 철저히 사기예방 상식으로 무장하는 수밖에는 없습니다.

Legal Advice

지급정지의 신청

이체한 은행을 방문하여, 사기피해를 당한 사실을 설명하고 지급정지를 신청할 여지가 있습니다.[12] 사기꾼이 인출하기 전에 돈이 남

---

10 https://www.police.go.kr/www/security/cyber.jsp.
11 https://thecheat.co.kr/.
12 제3부 피해구제 편 참고.

아 있다면 피해회복 가능성이 남아 있기 때문입니다.

형사절차

다음으로 경찰서 사이버수사팀을 방문하여 고소 내지 진정을 해야 합니다. 귀찮다고 하지 않으면 사기꾼은 더욱 활개를 칠 것입니다. 대체로 사기꾼이 누구인지 분명하다면 고소, 신원을 알 수 없다면 진정서를 작성하는 것이 보통입니다. 피해사실을 진술하면서 은행에서 발급받은 이체사실증명원 등 입금사실을 증명할 수 있는 자료를 제출하면 됩니다.

이때 범인의 특정과 추적에 필요한 모든 자료를 제출하면 수사에 도움이 됩니다. 범인의 전화번호, 이메일, 네이버 아이디, 피해를 입힌 게시글, 거래문자 내용 등이 여기에 해당합니다.

03

휴대전화 결제, 그 달콤한 유혹 - 모바일 깡 사기

고등학생 손 모(18)군은 다음 달 동네 친구들과 근사한 연말 파티를 하기로 했지만 깊은 고민에 빠졌다. 각자 20만 원씩 회비를 걷기로 했지만 고등학생이 무슨 파티냐며 극구 반대하는 부모님께 도저히 돈을 달라고 할 수 없었다. 10만 원은 용돈으로 해결한다 치더라도 나머지 10만 원이 문제였다. 돈을 구하기 위해 고민하던 손 군. 그것을 본 친구는 휴대전화로 상품권을 사서 현금으로 바꾸면 된다면서 인터넷에서 '매입 수수료 20%. 10분 내 현금지급'이라는 광고까지 찾아주었다. 손 군이 전화하자 업자는 ○○랜드 모바일 상품권 10만 원짜리를 휴대전화로 소액결제하고, 선물하기 기능으로 자기한테 보내라고 했다. 다음 달 휴대전화 요금으로 청구되겠지만 그때는 또 어떻게 되겠지. 손 군은 일단 급한 불은 껐다고 생각하며 파티할 생각에 마음이 부풀었다. 그런데 10여 분 뒤 은행계좌로 들어온 돈은 고작 3만 원. 광고와 달리 수수료를 70%씩이나 뗀 것이었다. 전화를 걸어 항의하자, 상품권 깡 불법인줄 몰랐냐면서 학교에 알리기 전에 그 돈으로 거래 끝내자는 업자의 말에 손 군은 할 말을 잃었다.

휴대전화로 게임 아이템이나 물건을 구매할 수 있는 소액결제 기능은 은행계좌나 신용카드가 없더라도 손쉽게 다음 달 휴대전화 요금으로 대금을 결제할 수 있는 매우 편리한 결제수단입니다. 그러나 성명과 주민등록번호, 명의자를 확인하는 인증번호만 입력하면 된다는 간편함 때문에 구매한 물건을 즉시 되파는 방법으로 현금을 구하는 악용 사례도 많이 있습니다.

사례의 주인공도 현금을 마련하기 위해 소액결제를 이용했습니다. 이런 방식을 일명 '모바일 깡' 또는 '모바일 상품권 깡'이라고 말하는데, 휴대전화 소액결제로 모바일 상품권을 구입하고, 그걸 환전해 주는 업자에게 보내고 수수료를 공제한 현금으로 돌려받는 것입니다. 겉으로는 상품권을 사서 팔았기 때문에 문제없어 보이지만, 「정보통신망 이용촉진 및 정보보호 등에 관한 법률」 제72조에 따라 엄연한 불법입니다. 그래서 주인공처럼 사기를 당해 놓고도 제대로 항의하지 못하는 경우가 발생하기도 합니다.

'모바일 깡'은 사례와 같은 상품권 말고도 ① 업체 명의의 게임 계정에 정보이용료·소액결제 등을 통해 게임 머니 및 아이템 구입하게 하거나 ② 업체가 판매하고 있는 허위 상품을 소액결제 방식을 통해 구입하게 하는 방법이 있습니다. 업체에 상품권 등을 전달하는 방식도 주인공처럼 '선물하기'로 보내는 것 말고도 ③ 전송받은 쿠폰번호(또는 PIN번호)만 전달하는 방법도 있습니다. 그리고 ④ 상품권이나 물건 자체를 피해자가 전혀 모르는 상태에서 피해자의 휴대전화에 전송된 결제승인번호만 업체에 전달하는 방법도 있습니다.[13] 어떤 물

---

13 이때 업체는 피해자가 구입한 게임 머니·아이템 및 상품권을 거래사이트에 되파는 형식으

건이나 방법을 선택하든 재화를 소액결제[14]의 방법으로 판매하는 것처럼 꾸몄으므로, 모두 불법입니다.

GUIDE 1

모바일 깡은 불법이니 처음부터 관심두지 마라.

휴대전화 소액결제나 정보이용료 과금의 방식을 이용한 모바일 깡은 아예 쳐다보지 않는 게 좋습니다. 법정 최고이자인 24%보다도 훨씬 높은 30~50%의 터무니없는 수수료를 요구하기도 하고, 주인공처럼 수수료에 속아 사기를 당하는 경우도 있습니다. 상품권을 지급받은 이후 업자가 아예 잠적하기도 합니다. 하지만 불법에 가담했다는 부담 때문에 피해자들은 신고조차 잘 하지 못합니다. 모바일 깡은 처음부터 눈길조차 주지 않는 것이 상책입니다.

GUIDE 2

자녀의 휴대전화에 '상품권 매입' 앱이 있는지 확인하라.

하지만 수요가 있는 곳에 언제나 공급이 존재하는 법입니다. 현금이 필요한 대학생, 취업준비생 심지어 청소년을 대상으로, 모바일 깡 업자들은 포털과 SNS에서 'ㅇㅇ캐쉬', '××머니', '△△티켓' 등 그럴듯한 상호를 붙여 버젓하게 영업을 하고 있습니다. 아이폰 앱스토

로 자금을 융통합니다.

14 이를 법률에서는 '통신과금서비스'라고 부릅니다.

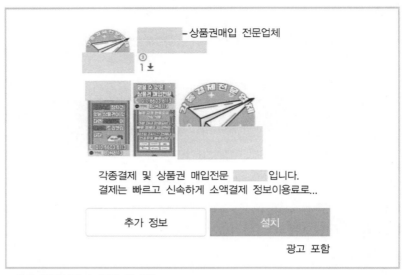

－상품권매입 전문업체

각종결제 및 상품권 매입전문 ▨▨▨ 입니다.
결제는 빠르고 신속하게 소액결제 정보이용료로...

| 추가 정보 | 설치 |

광고 포함

● 불법 상품권매입 휴대전화 앱 사례

어나 구글 플레이스토어에는 아예 상품권을 빠르게 거래할 수 있는
앱까지 나와 있습니다.

수사기관과 인터넷 업체가 수시로 단속하지만 상호를 바꿔 가며 광
고와 앱을 게시하므로 완전히 차단하기는 사실상 불가능합니다. 따라서
이를 방지하기 위해서는 ① 자녀에게 소액결제나 정보이용료 과금 방식
으로 대출해 주는 것은 불법이고, 사기일 가능성이 높다는 사실을 미리
알려 줘야 합니다. 그리고 ② 자녀의 휴대전화나 PC 등 인터넷 사용내
역에 관련된 앱이나 링크가 있는지 수시로 점검해야 합니다.

GUIDE 3

자녀의 휴대전화 요금이 많다면 반드시 내역을 확인하라.

자녀의 휴대전화 요금이 평소보다 많을 때도 반드시 내역을 확인해야 합니다. 친구와 통화가 많았다든지, 유튜브 등 동영상 시청이 많아 데이터 요금이 많았다고 얘기할지도 모르지만, 요금 명세서만큼은 부모님이 직접 점검해 보기 바랍니다. ① 만약 사용내역 중에서 정보이용료, 소액결제 항목이 존재한다면 어떤 용도로 사용했는지 반드시 확인이 필요합니다.[15] ② 친구끼리 휴대전화를 빌려주기도 하므로 자녀도 모르게 친구를 통해서 피해가 발생하는 경우도 있습니다.

사랑하는 자녀들에게 현금이 필요한 이유는 다양할 수 있지만 가장 우려되는 건 학교폭력 때문일 수도 있다는 겁니다. 궁지에 처한 아이들이 문제를 해결할 수 있는 방법은 불행하게도 많지 않습니다. 그 앞에 달콤하게 현금으로 유혹하는 모바일 깡이 버젓하게 기다리고 있습니다. 하지만 상품권만 받고 잠적하거나 고액의 수수료를 속여 떼는 업자들 때문에 아이들은 한 번 더 울지도 모릅니다. 부모님들부터 모바일 깡과 그 사기에 대해 잘 알고 예방할 수 있어야 하는 이유입니다.

Legal Advice

민사소송도 앞 아이템 사기 사례에서 설명한 것과 마찬가지로 수수료 차액 5만 원에 대한 약정금청구를 함으로써 구제받을 수 있습니다. 여기서는 소액결제 상품권업자를 고소하였을 경우, 「정통망법」위반, 「대부업법」위반, 「형법」상 사기에 해당하는지를 차례로 알아보겠습니다.

---

15 사례에서는 다음 달 요금 명세서에 소액결제 10만 원이 청구될 것입니다.

「정보통신망이용촉진및정보보호등에관한법률」 위반 유죄

누구든지 통신과금서비스 이용자로 하여금 통신과금서비스에 의하여 재화 등을 구매, 이용하도록 한 후 통신과금서비스 이용자가 구매, 이용한 재화 등을 할인하여 매입하는 행위를 하여서는 아니 됩니다.[16] 휴대전화 등의 소액결제를 이용하여 소위 깡을 하게 하는 경우가 여기에 포함됩니다.

사안에서 업자는 인터넷 광고글을 게시하고, 이를 보고 소액대출을 받으려는 사람들에게 통신과금서비스를 이용하여 상품권 구입 사이트에서 문화상품권을 구입하도록 한 후 그 핀번호를 받아 이를 판매하는 한편, 일정 금액을 공제하고 돈을 지급한 사실이 인정됩니다. 따라서 위 법률 위반에 해당합니다.

「대부업등의등록및금융이용자보호에관한법률」 위반 무죄

기존에는 소액결제 등을 수단으로 상품권과 휴대전화를 할인해 사서 되파는 이른바 '상품권·휴대전화 깡'의 경우 미등록 대부업죄로 처벌하였습니다. 그러나 최근 이를 「대부업법」 위반혐의로는 처벌할 수 없다는 대법원의 판결이 나왔습니다. 급전이 필요한 서민을 상대로 자주 발생하는 범죄이지만 이자와 상환 기한을 정해 돈을 빌려주는 법률상 소비대차계약에 해당하지 않기 때문에, 대부업의 형태로는 볼 수 없다는 취지입니다.[17]

과거에는 사안과 같은 경우 「대부업법」 위반혐의를 적용하여 처벌하였으나 위 판결 이후에는 적용하지 않고 있습니다.

---

16 「정보통신망 이용촉진 및 정보보호 등에 관한 법률」 제72조제1항.
17 대법원 2019. 9. 26. 선고 2018도7682 판결.

사기죄 유죄

사기죄는 타인을 기망하여 착오에 빠뜨리고 그로 인하여 피기망자가 처분행위를 하도록 유발하여 재물 또는 재산상의 이익을 얻음으로써 성립하는 범죄입니다.

비록 모바일 깡 내지 상품권 깡이 처벌받는 범죄로서 불법이라고 해도, 처음부터 수수료를 70%로 받을 의도를 숨기고 20%라고 거짓말하여 소액결제를 하게 했다면 이는 「형법」상 사기죄에 해당합니다. **이용자라고 하더라도 사기죄로 고소할 수 있음은 물론**입니다. 고소하여 처벌받도록 하지 않는다면 더 활개를 칠 것입니다.

휴대전화를 바꾸는 현명하지 못한 방법 - 보험 사기

고등학생 이 양(19)은 2년 전에 구입한 스마트폰이 항상 불만이었다. 기기변경을 하기에는 원하는 ○○사 폰이 너무 비쌌고, 통신사변경을 하기에는 오랫동안 사용해 온 ○○텔레콤 멤버십이 너무 아까웠다. 그걸 보고 친구가 새로운 방법을 제안했다. "너 구입할 때 보험 들지 않았어? 그거 분실했다고 하고 보험금 신청해. 그러면 꽤 많이 받을 수 있을걸?" 통신사에 확인하니 다행히 다음 달까지 보험은 유효하다고 했다. '에이... 남들도 하는데, 나만 안 하면 바보 아닌가.' 조금 찜찜하기는 했지만 다음 날 이 양은 관련 서류를 준비해서 분실보험료를 청구했고, 단말기 구매가격의 대부분을 지급받았다.

그런데 문제는 그 다음에 발생했다. 예전 휴대전화를 초기화하려고 잠시 켰다가 우연히 걸려 온 친구전화를 받게 되었다. 아무 일 없겠지.... 그렇게 한 달이 지날 즈음 보험금을 지급했던 ○○손해보험에서 연락을 받았다. 분실된 사실을 다시 한 번 통화내역서로 소명해 달라는 거였다. 이 양은 인터넷을 찾아보니 자신의 행동이 보험 사기가 된다는 걸 알았다. 후회했지만 돌이킬 수 없는 일이었다.

범죄학자인 도널드 크레시(Donald Cressey)는 평범한 시민들도 '나 하나쯤은 해도 괜찮겠지', '남들도 다 하는데....'라는 합리화에 빠지게 되면 기회가 있을 때 부정을 저지르기 쉽다고 주장하였습니다.[18] 사기도 예외가 아니어서 큰 죄의식 없이 범하는 생활 속의 작은 부정이 알고 보면 처벌받는 범죄인 경우가 종종 있습니다. 이번 장은 사기피해를 방지하기 위한 내용이 아닌, 부주의하게 범할 수 있는 사기를 조심하자는 내용으로 마련하였습니다.

GUIDE 1

아무리 적은 금액이라도 남을 속여서 돈이나 물건을 받는 것은 모두 사기가 될 수 있다.

많은 사람들이 죄가 안 될 거라고 막연하게 착각하는 이유 중 하나는 그 일탈로 얻을 수 있는 이득의 크기와 관계되어 있습니다. 이득을 본 금액이 많으면 죄가 되고, 적으면 죄가 안된다고 생각하는 것입니다. 물건을 사고 실제 계산보다 더 많은 잔돈을 거슬러 주는 걸 알면서도 그냥 받아 돌아오거나, 길에 떨어져 있는 만 원짜리를 주워서 사용하는 행위는 사소해 보이지만 「형법」상 엄연한 불법[19]입니다. 사례의 내용도 우리 주변에서 가끔 볼 수 있는 일이긴 하지만 허위의 내용으로 보험사를 속이고 보험금을 지급받았으므로, 보험 사기에 해당합니다.

---

18 이것을 '부정의 삼각형이론(fraud triangle theory)'이라고 합니다.
19 전자는 사기죄, 후자는 점유이탈물횡령죄에 해당할 수 있습니다.

보험사는 당신이 한 일을 알고 있다.

　금융감독원에서는 일상생활 속에서 발생하기 쉬운 보험 사기의 대표적인 유형으로 ① 해외여행 중에 분실한 휴대품을 도난당한 것처럼 꾸미는 행위, ② 노후화된 휴대전화를 바꾸려 허위로 분실신고를 한 행위, ③ 교통사고 보상을 많이 받기 위해 가짜로 입원하는 행위, ④ 자동차를 도색하기 위해 일부러 못으로 긋고 청구하는 행위, ⑤ 고가 스마트폰을 친구가 실수로 파손했음에도 자신이 했다고 보험금을 청구하는 행위, ⑥ 음식점 직원이 서빙 중에 넘어져 다치자, 고객이 다친 것처럼 꾸며 보험금을 청구하는 행위 등을 제시한 바 있습니다. 모두 보험사나 금융당국에 의해 실제로 적발된 사례들입니다. 보험 사기가 적발되면 단순히 보험금 반납으로 그치기도 하지만, 수사기관에 고발되기도 합니다. 사기죄는 한번 고발되면 피해금을 배상했다고 하더라도 사건을 없었던 것으로 되돌릴 수 없습니다. 취하려 했던 이득의 크기에 비해서 너무 큰 대가를 지불하는 것입니다.

　전문적인 사기조직조차 경찰의 치밀한 수사 앞에서는 완전 범죄를 꿈꿀 수 없습니다. 그런데 평소 범죄와는 관련이 없는 일반인이 보험 사기를 범하고 완전히 감춘다는 건 매우 어렵습니다. 작은 유혹 앞에서 흔들리지 마십시오. 이익에 비해 치러야 할 비용이 너무 큽니다. 그리고 그 비용은 반드시 청구됩니다. 자녀들에게도 이와 같은 사실을 꼭 알려 주어야 합니다. 세상에 완전한 비밀이란 있을 수 없습니다.

이 양은 자신의 행위와 관련 ① 형사적으로 「보험사기방지특별법」 위반, ② 민사적으로는 지급받은 단말기 구매대금을 되돌려 주어야 하는 법적 책임이 문제됩니다.

「보험사기방지특별법」 위반

「보험사기방지 특별법」에서는 보험 사기죄를 규정하고 있습니다. 보험 사기죄는 사기죄의 일종으로, 보험금을 취득하거나 제3자에게 보험금을 취득하게 한 경우를 가중처벌합니다.

사례의 경우 이양은 기기변경을 위하여, 분실하지 않았음에도 분실했다고 허위신청을 하는 방법으로 보험금을 지급받았음이 분명하다는 점에서, **「보험사기방지특별법」 위반에 해당합니다.**

보험회사의 단말기 대금에 대한 부당이득반환청구

보험계약자 또는 피보험자나 보험수익자의 고의에 의한 보험사기임이 밝혀지면 보험회사는 보험금을 지급할 책임이 없습니다.[20] 나아가 보험회사는 보험금을 지급하지 않을 뿐만 아니라 보험계약을 해지할 수 있습니다.[21]

따라서 위 사례에서 **보험회사는 이양에게 지급한 단말기 구매대금 전액에 대하여 부당이득반환을 청구할 수 있습니다.**

---

20 「상법」 제659조.
21 보험업감독업무시행세칙, 금융감독원세칙 2019. 12. 20. 발령, 2020. 1. 1. 시행 별표 15. 생명보험 표준약관 제5조제3호 및 화재보험 표준약관 제30조제2항.

📄 **Tip** 분실 등 보험사고 발생 시 통신사 약관에 따른 유의사항

> 각 통신사에서는 휴대전화보험 보통약관에는 보상내용을 제한하는 여러 조항들
> 이 포함되어 있습니다. 다음의 사항을 주의해야 합니다.

잔존물에 대한 보험회사의 대위[22]

특히 **회사가 보험목적물의 일부 또는 전부를 교체하고 잔존물을 취득할 의사표시를 하는 경우에는 그 잔존물은 회사의 소유가 됩니다.** 회사의 요청이 있는 경우 피보험자는 수리가 불가능한 휴대전화를 "지정보험센터"에 반납하여야 합니다. 파손된 보험목적물이 "지정보험센터"로 회사가 보험목적물을 교체 또는 수리한 날로부터 45일 이내에 반납되지 않는 경우에는 증권상 명시된 잔존물 미회수 부담금이 피보험자에게 청구됩니다. 분실 또는 도난당한 목적물이 회수되는 경우 해당 목적물은 회사의 소유가 됩니다.

보험 사기 모니터링

그리고 꾸준한 모니터링을 시행해 악용 사례가 적발되면 형사고발 조치됩니다. 분실 처리된 휴대전화를 매입한 사설 업체는 형사고발 대상이 될 수 있습니다. 특히 보험사는 단말기 보상 시 보험 가입 후 7일 내의 사고에 대해 통화 이력 등을 확인한 후 보상을 하기 때문에 적발될 확률이 상당히 높습니다.[23]

---

22 「상법」 제681조.
23 IT Chosun(2015.11.12.). '아이폰6S' 이통사 분실보험 악용한 꼼수 기승, 최재필 기자.

성년기

만 20~39세까지로, 신체적 · 심리적으로 성숙되며 일생 중 가장 활력이 넘치고 활동적인 시기이다. 직업인, 배우자, 부모로서의 새롭고 중요한 역할을 담당하게 된다. 결혼, 취직, 주택마련, 자녀의 양육으로 경제적 부담과 요구가 늘어나지만 경제적 안정을 아직 갖추지 못한 시기이기 때문에 빨리 부자가 되고 싶다는 욕망에 사로잡히게 되고 이로 인해 각종 사기범죄의 위험에 노출될 확률이 높다.

05

친구도 잃고, 돈도 잃고 – 차용금 사기

구 씨(28세)는 오늘 벌써 친구 A에게 11번째 전화를 걸고 있다. 운영하는 휴대전화 대리점이 어려워, 3개월만 쓰겠다고 차용증도 없이 2,000만 원을 빌려간 게 1년 전이었다. 그래도 처음 몇 달은 연5부이자로 꼬박꼬박 입금하더니, 6개월 전부터는 원금은커녕 이자도 넣지 않았다. 언제 갚을 거냐고 하소연하면 자기도 어렵다면서 전화를 끊기 일쑤였던 그였다. 뚜뚜뚜.... 어라? 어제부터 문자해도 반응이 없어 전화를 한 건데, 이젠 아예 수신까지 차단한 모양이다. 순간 휴대전화를 던지고 싶은 충동이 들었다. 돈도 돈이지만, A를 친구라고 생각했던 자신이 싫었고, 내 돈도 못 갚으면서 페이스북에는 해외여행 다녀온 사진을 올려 놓고 자랑하는 A가 죽이고 싶을 만큼 분노가 치밀었다. 며칠간 고민하던 구 씨는 결국 A를 사기혐의로 고소하기로 결심했다.

"어려울 때 도와야 진정한 친구다." 이 말을 모르는 사람은 없습니다. 힘든 상황에 놓인 친구가 도와 달라고 할 때 외면하기는 매우 어렵습니다. 하지만 경제적으로 친구를 도와주었다가 오히려 관계에

86 사기의 세계: 전문가가 알려주는 평생 사기방지비법

금이 가는 경우도 꽤 많습니다. 사례의 주인공이 비슷한 상황에 놓인 걸로 보입니다.

주인공과 친구 A는 1년 전 2,000만 원을 빌려준 문제로 갈등을 겪고 있습니다. 처음 빌려줄 때 A는 사업자금으로 쓰겠다고 3개월만 빌려 달라고 했는데, 원금변제는 물론 이자도 제대로 갚지 않은 채 1년이 지났습니다. 주인공이 대단한 재력가가 아닌 이상 2,000만 원을 선뜻 그냥 쓰라고 주지는 않았겠지요. 당연히 변제를 기대했을 것입니다. 그래서 갚지 않는 친구를 사기로 고소하겠다고 결심까지 했을 테구요. 대표적인 차용금 사기의 유형입니다.

사실 A의 혐의가 사기가 성립하는지 여부는 사례만으로는 판단하기가 어렵습니다. 기본적으로 A가 변제할 능력이 되었는지 그리고 변제할 의사가 있었는지 등 사실관계 전반이 확인되어야 하기 때문입니다. 그러나 만약 1년 전으로 시계를 돌려, 여러분이 주인공의 입장이 된다면 이때 사기가 인정되는지 여부가 중요한 게 아닐 것입니다. 어떻게 하면 내 돈이 떼이지 않을 수 있을지, 이런 상황에서 어떻게 처신해야 할지가 더 중요하니까요. 그런 관점에서 차용금 사기에 대해서는 어떻게 예방할 수 있을지 알아보기로 합시다.

GUIDE 1

가까운 사람일수록 돈 거래는 하지 않는 게 좋다.

가까운 사람끼리는 돈 거래 자체를 하지 않는 것이 가장 좋습니다. 처음에는 제대로 갚을 생각으로 빌렸지만, 형편이 어려워져 갚지 못하게 되는 경우가 많습니다. 이때 빌려준 돈을 받기 위해 소송까지 한다면 그 관계는 돌이킬 수 없는 상처를 입게 됩니다.

상대방의 채무상황과 신용등급을 확인하라.

대놓고 거절할 수 없다면 최소한 상대방의 채무상황과 신용등급을 확인해 달라고 요구하는 것도 좋습니다. 신용등급은 개인에 대한 각종 신용정보를 종합하여 신용도를 등급으로 표시한 것을 말합니다. NICE평가정보(credit.co.kr)나 카카오뱅크 앱에서 제공하는 '내 신용정보' 서비스를 이용하면 대출현황, 신용카드 발급내역, 연체정보 등 신용도를 확인할 수 있습니다. 신용등급도 알려 주지 않는 상대라면 믿고 돈을 빌려주기 힘들 것입니다. 예상보다 등급이 낮거나 부채가 많다면 부탁을 거절할 명분이 될 수도 있습니다.

GUIDE 3

그래도 빌려주겠다면 차용증을 받고 담보도 꼭 챙겨라.

돈을 빌려줘야 하는 상황이라면 차용증을 받는 건 기본입니다. 차용증에는 어디에 쓸 것인지(자금용도)와 언제까지 갚을 것인지(변제기일) 정도는 들어가도록 합니다. 혹시 친구끼리 뭘 이런 걸 적느냐고 거부한다면 나중에 이 친구가 돈을 갚지 않을 때 무엇을 근거로 돌려 달라고 할 수 있을 것인지 생각해 보시기 바랍니다. 또한 담보 설정도 필요합니다. 사례에서 친구 A에게 대리점 보증금이 남아 있다면 민사상 질권을 설정할 수 있습니다. A의 가족에게 연대보증을 받아 두는 것도 좋습니다.

친구 간에 차마 차용증이나 담보를 요구하기가 어려울지도 모르겠습니다. 하지만 친구 간에는 돈 거래도 똑같이 어려운 법입니다. 돌려받지 못했을 때 형사고소를 하거나 민사소송을 하는 상황에 직면하는 것보다는 차라리 처음부터 거절하는 게 가장 나은 선택입니다. 처음의 멋쩍음과 미안함만 견딘다면 친구도 잃고, 돈도 잃는 사태를 충분히 예방할 수 있습니다.

Legal Advice

대여금과 차용금 사기

보통 빌려준 돈을 못 받은 경우, 민사에서는 대여금소송을 제기한다고 하고, 형사에서는 차용금 사기로 고소한다고 말합니다. 둘다 「민법」상으로는 소비대차계약에 해당하는 같은 말입니다. 소비대차계약을 체결하고 돈을 빌려주면, 돈을 빌려준 대주(貸主)는 대여금채권을 갖게 되고, 차주(借主)는 이를 변제할 채무를 부담합니다. 돈을 변제받지 못할 경우 차용증 등을 근거로 민사소송과 강제집행을 통해 권리구제를 받을 수 있으나, 차주가 재산이 없다면 민사는 실제로 큰 도움이 되지 못합니다.

형사소송은 어떨까요. 언제 사기죄로 고소할 수 있을까요?[24] 간략히 설명하면 ① A씨는 구 씨에게 일부변제를 한 점, ② 휴대전화 대리점을 운영하여 변제능력이 없다고 보기 힘든 점, ③ 대리점 영업이 어렵다는 사실을 사전에 알린 점을 감안하면 사기의 고의로 돈을 빌렸다고 단정하기 어렵습니다. 물론 수사진행에 따라 다른 사실관계, 가령 피해자가 여러 명이며 금액이 크고 최근 사업이 부도단계에 도

---

24 사기죄 요건에 대한 설명은 3부 피해구제 편에 별도로 다루었습니다.

달했음에도 이를 숨기고 마치 다시 영업을 재개할 것처럼 거짓말을
한 사실 등 추가 사실관계가 밝혀진다면 사기죄로 처벌될 여지도 있
습니다.

A 씨의 반격: 「채권추심법」

또 하나 간과하지 말아야 할 것이 있습니다. A는 돈을 못 갚은 채
무자일 뿐입니다. 법치국가인 대한민국에서는 채무자를 함부로 대하
면 오히려 처벌받습니다. 구 씨는 A를 사기죄로 고소하고 싶지만 역
으로 본인도 처벌받을 수 있음을 명심해야 합니다. 바로 채권의 공정
한 추심에 관한 법률 때문입니다. 설령 채권이 있더라도 폭행, 협박
등의 불법한 방법으로 돈을 받아 내서는 안 된다는 것이 본 법의 취
지입니다. 주요 금지사항은 다음과 같습니다.

- 채권추심자의 신분을 밝히지 않고 추심
- 무효이거나 존재하지 않는 채권의 추심[25 · 26]
- 반복적인 전화 또는 방문 등의 방법으로 공포심이나 불안감을 유발
- 야간(저녁 9시~아침 8시)의 전화 또는 방문
- 관계인 등 제3자에게 채무사실을 고지
- 관계인 등 제3자에게 채무변제를 요구
- 협박·공포심·불안감을 유발
- 금전을 차용하여 채무 변제자금 마련 강요
- 개인회생·파산자에게 추심
- 법적절차 진행사실의 거짓 안내[27]

---

[25] 사망한 채무자의 상속인이 상속포기를 한 사실을 알면서도 채무를 변제하라고 요구하는 행
위, 채무자가 채무를 변제했다고 주장하면서 증거를 제시했음에도 불구하고 사실관계 확인
없이 추심을 지속하는 행위 등이 이에 해당합니다.

담보 없이 돈을 빌려주면 채무자가 아닌 채권자가 마음고생을 겪게 됩니다. 재산손실로 억울하고, 돈을 받기 위해 시간과 비용을 들여야 하고, 돈을 달라고 함부로 해서도 안되는 삼중고를 겪게 됩니다.

---

26 한편, 채권추심업무 가이드라인에서는 금융회사가 소멸시효가 완성된 대출채권을 추심하거나 채권추심회사에 위임하지 않도록 하고 있습니다. 또한, 금융회사는 채권양도 시 소멸시효 완성 여부를 확인하고 '채권양도통지서' 상에 소멸시효 완성 여부를 명시하여 소멸시효가 완성된 채권이 양도대상에 포함되지 않도록 하고 있습니다.
27 채권추심자가 채무자 또는 관계인에게 채권추심에 관한 민사상 또는 형사상 법적인 절차가 진행되고 있다고 거짓으로 표시하는 행위는 불법행위입니다. 또한 법원, 검찰청 등 국가기관에 의한 행위로 오인할 수 있는 말·문자 등을 사용하는 행위도 법으로 금지되어 있습니다.

06

돈(豚)으로 돈(錢)벌기 - 유사수신

> 김 씨(35세)는 여전히 자신에게 닥친 현실을 믿지 못했다. 친구 권유로 양돈사업에 1억 원을 투자한 후, 경기도 여주 돈사에 직접 방문해서 눈으로 모두 확인까지 했던 터였다. 어미 돼지 한 마리가 새끼를 20마리 넘게 낳으니 그것만 팔아도 연 60%는 보장된다는 말을 믿고, 20두나 계약했는데.... 그 업체 사장이 경찰 수사를 받고 있다니.... 어쩐지 꼬박꼬박 들어오던 500만 원이 두 달째 밀린 게 이상하다 싶었다. 잘나가는 사업을 수사기관이 망쳐 놓은 건 아닌지.... 퇴직금 2억 원을 더 투자했다는 친구랑 경찰에 단체 민원이라도 넣어야 하나.... 김 씨는 혼란스럽기만 했다.

　　다단계나 유사수신 수사를 하다 보면 피해자가 자신이 피해입은 줄 인식하지 못하고, 업체 대표를 두둔하거나 잘나가는 사업을 망쳐 놓았다며 오히려 수사기관을 원망하는 경우가 종종 있습니다. 위 사례 주인공처럼 수사만 안했더라면 사업은 잘나갔을 것이고, 약속했던

월 5%에 해당하는 500만 원이 착실하게 입금되었을 텐데, 수사 때문에 망했다고 원망을 하죠.

연 60%의 수익. 유사수신 업계에서는 쉽게 약속하는 수익률입니다. 어떤 곳에서는 2배를 약속하기도 하고, 심한 곳은 10배 이상을 이야기하기도 합니다. 약속한 수익을 받을 수만 있다면 더할 나위 없겠지요. 문제는 현실 속에서 과연 가능한 일일까 하는 점입니다.

GUIDE 1

가장 중요한 것은 지속 가능한 사업인지 여부다.

투자건 사업이건 가장 중요한 것은 수익의 지속 가능성입니다. 우리나라 상장기업을 가지고 예를 들어보겠습니다. 2019년 기준 우리나라에서 배당을 많이 하는 기업들의 배당수익률은 종가 대비 연 7~8% 선이었습니다. 예금이자가 2%를 하회하는 요즘 6% 이상의 배당이라니.... 대단하게 보이지만 원금이라고 할 수 있는 주가 등락은 투자자가 고스란히 떠안아야 한다는 부담이 있습니다. 세상에 공짜는 없습니다.

그뿐만 아닙니다. 비용이 들지 않고 수익만 무한히 창출하는 사업 시스템은 세상에 존재하지 않습니다. 물건이나 서비스를 팔려면 일단 영업비용이 들어갑니다. 지속 가능한 사업을 하기 위해서는 미래를 위한 투자와 연구도 뒷받침되어야 합니다. 모든 것이 돈이 듭니다. 그래서 배당수익률이 높은 기업이라고 할지라도 연 10%를 넘기지 못하는 것입니다. 양돈사업이라고 해서 별반 다른 건 아닙니다. 그런데 연 60% 수익이라뇨. 현실적으로 절대 지속 가능한 수익구조가 아닌 것입니다.

가장 중요한 것은 원금을 지킬 수 있는가이다.

유사수신 업체는 이런 위험은 고스란히 감추고 고수익과 장밋빛 전망만을 이야기합니다. 그래야 계속해서 누군가가 돈을 맡길 거니까요. 문제는 투자자에게 수익으로 돌려줄 돈을 어디에서 조달할 것인가입니다. 결국 앞에서 살펴본 폰지 사기처럼 나중에 가입한 투자자들의 자금에 손을 대거나 은행을 속여 받은 대출금으로 충당하는 경우가 생깁니다. 그 결과 남은 돈보다 지급할 돈이 더 많아져 기존 투자자들은 원금조차 회수하지 못하는 경우가 발생합니다. 유사수신 범죄가 사기로 이어지는 이유가 바로 여기에 있습니다.

사례 속 주인공은 경찰에 민원을 넣을 게 아니라, 더 큰 피해를 입지 않도록 해 준 걸 감사하게 생각해야 할 것 같습니다.

Legal Advice

이와 같은 투자 사기는 주로 ① 사기죄와, ②「유사수신행위의규제에관한법률」 위반으로 수사가 진행됩니다. 차례로 살펴보겠습니다.

사기죄

사람들은 높은 이자를 약속하며 돈을 투자하고, 돌려받지 못하면 사기라고 생각하는 경우가 많습니다. 그러나 실제로 투자 사기를 수사하여 유죄판결로 이어지는 경우는 많지 않습니다. 그 이유는 무엇일까요. 일반적으로 고수익을 얻기 위해서는 높은 실패위험을 감수해야 한다고 생각하기 때문입니다. 그러면 사기죄가 되는 경우는 언제일까요. 맞습니다. 처음부터 현실 가능한 수익모델이 없음을 잘 알면서, 만연히 시중금리보다 높은 수익만을 강조하면서 자금을 모집하는 경우에는 사기죄로 처벌될 수 있습니다.

대법원은 투자 사기의 경우, 단순히 피고인의 재력이나 신용상태 등을 토대로 사기죄 성립을 판단할 수는 없고, **피해자와 피고소인의 관계, 사업에 대한 피해자의 인식 및 관여 정도, 피해자가 당해 사업과 관련하여 돈을 주게 된 구체적 경위, 당해 사업의 성공 가능성, 피해자의 경험과 직업 등의 사정을 모두 종합하여 일반적·객관적으로 판단한다고 보고 있습니다.**[28]

위 사례는 유명한 도나도나 돼지분양 사건의 사실관계를 각색한 것입니다. 처음에는 유사수신 혐의만 기소되었으나 나중에 사기죄 혐의가 추가되었고, 모두 유죄판결되었습니다.

기망행위의 내용은 투자금을 내면 회사에서 어미 돼지 1마리를 빌려 키워 주고 마리당 20마리씩 새끼를 낳게 해 판매 수익을 낼 수 있다고 속인 것입니다. 돼지 판매가격 하락 등을 이유로 고수익을 보장할 수 없는 상황이었지만, 투자자들을 지속해서 모집했으며, 이를 숨기기 위해 후순위 투자금으로 선순위 투자자들에게 수익금을 지급하는 이른바 돌려 막기 수법을 사용했다는 것입니다.

「유사수신행위의규제에관한법률」 위반

금융기관이 고객의 돈을 맡아 예금의 형태로 보관하는 것을 수신 (受信)이라 합니다.[29] 그런데 허가관청의 인허가 없이 불특정 다수로부터 자금을 조달하는 것을 유사수신행위라고 하여, 유사수신행위의 규

---

28 대법원 2011. 10. 13. 선고 2011도8829 판결.
29 반면, 고객에게 대출이나 보증을 서는 것을 여신(與信)이라 합니다.

제에 관한 법률에서 이를 금지하고 있습니다. 그 취지는 출자금 또는 예금 등의 명목으로 자금을 조달하는 행위를 규제하여 선량한 거래자를 보호하고 건전한 금융질서를 확립하려는 데에 있습니다. 따라서 이를 어긴 경우에는 5년 이하의 징역 또는 5천만 원 이하의 벌금에 처하게 됩니다.

제2조【정의】 이 법에서 "유사수신행위"란 다른 법령에 따른 인가·허가를 받지 아니하거나 등록·신고 등을 하지 아니하고 **불특정 다수인**으로부터 자금을 조달하는 것을 업(業)으로 하는 행위로서 **다음 각 호의 어느 하나에 해당하는 행위를** 말한다.

1. 장래에 **출자금의 전액 또는 이를 초과하는 금액을 지급할 것을 약정하고 출자금을 받는 행위**
2. 장래에 원금의 전액 또는 이를 초과하는 금액을 지급할 것을 약정하고 **예금·적금·부금·예탁금 등의 명목으로 금전을 받는 행위**
3. 장래에 발행가액(發行價額) 또는 매출가액 이상으로 재매입(再買入)할 것을 약정하고 **사채(社債)를 발행**하거나 **매출**하는 행위
4. 장래의 경제적 손실을 금전이나 유가증권으로 보전(補塡)하여 줄 것을 약정하고 **회비 등의 명목으로** 금전을 받는 행위

이와 관련 대법원은 유사수신행위로 처벌하기 위해서는 ① **불특정 다수로부터** ② **인허가를 받지 않고,** ③ **원금보장약정하에,** ④ **상품의 거래가 매개되지 않는 금전의 거래일 것을** 요구하고 있습니다.

위 사례에서는 **과연 투자금이 사실상 금전의 거래였는지가** 쟁점이 되었습니다.

금전의 거래

실질적으로 상품의 거래가 매개된 자금의 수입은 이를 출자금의 수입이라고 보기 어렵고 그것이 상품의 거래를 가장하거나 빙자한 것일 뿐 사실상 금전의 거래라고 볼 수 있는 경우에 한하여 이를 위법이 금하는 유사수신행위로 볼 수 있습니다.[30]

2심에서는[31] 피고인 A가 종전부터 양돈사업을 하여 왔고 양돈 농장을 추가로 매수하는 등 위탁자 구좌 수에 상응하는 모돈(엄마 돼지) 수를 확보하기 위하여 노력한 점 등을 들어 **실질적인 상품의 거래가 매개된 자금을 받은 것이라고 볼 여지가 있다**고 보았습니다.[32]

대법원

반면 대법원은 유사수신죄를 인정하였습니다.[33] 즉 피고인은 위탁자들과 두 가지 계약을 동시에 체결하였습니다. ① 위탁자들이 위탁대금 500만 원 또는 600만 원을 납입하면 돼지를 사육하여 14개월 후에 성돈(어른 돼지) 20마리를 인도한다는 내용의 양돈위탁계약과, ② 14개월 후에 인도받을 성돈(어른 돼지) 20마리를 약정한 매매대금에 미리 매수하기로 하는 내용의 성돈(어른 돼지) 선물매매계약입니다. 이때 매매대금은 위탁자들이 납입한 위탁대금에 그 24% 내지 60%의 수익금을 더한 금액이며, 수익금 부분은 12회 분할 지급한다는 내용입니다.

---

30 대법원 2007. 10. 25. 선고 2007도6241 판결.
31 이 사건 변호인으로 우병우, 홍만표 등 소위 검찰전관이라는 점으로 세간의 관심을 받은 바 있습니다.
32 2심에서 다만 업무상 횡령 등 혐의만 유죄로 인정해 최 씨에 징역 2년 6월에 집행유예 4년 을 선고했습니다.
33 대법원 2016. 9. 8. 선고 2015도14373 판결.

이로써 위탁대금을 지급받더라도 14개월 후에 위탁자들에게 성돈(어른 돼지)을 인도할 필요가 없고 그 대신 선물매매계약상 약정된 매매대금을 지급하면 됩니다. 반면에 위탁자들도 위탁대금을 납입한 대가로 24% 내지 60%의 수익금과 위탁대금 원금을 회수하게 될 뿐 양돈위탁계약에 따라 성돈(어른 돼지)을 인도받는 것이 아닙니다.

이러한 계약내용상 두 계약 당사자들 모두에게 농장에서 사육된 현물인 성돈(어른 돼지)을 인도하거나 인도받는 것은 계약의 실질적인 목적이 아니라고 본 것입니다. 유사수신죄를 인정한 대법원의 판단이 투자수익금만을 취하고자 하는 투자자의 의도에 부합한다는 점에서 옳다고 생각합니다.

휴대전화가 원격조종된다면 – 스미싱

"이번 달 카드결제금액은 3,245,200원입니다. (○○카드)" ○○카드를 사용하지 않는 김 씨(35세)는 메시지를 받고 순간 남편을 의심했다. 언제 내 명의로 또 카드를 발급받은 거야? 휴대전화 발신버튼을 눌러 상담원을 연결하자, 카드 결제내역을 보려면 어떻게 확인해야 하는지 친절하게 설명해 주었다. 하지만 수차례 설명을 들었지만 도저히 안내대로 따라할 수 없었다. 상담원은 원격으로 진행해도 되겠느냐고 물었고, 김 씨는 흔쾌히 동의했다. 중간중간 나오는 확인코드만 상담원에게 불러주면 되니까 무척 편했다.

15분간 휴대전화가 저절로 실행되면서 뭔가 설치되는 거 같더니, 몇 번 꺼졌다가 켜지고는 다시 원상태로 돌아왔다. 그렇게 한참 김 씨의 휴대전화를 원격지원하던 상담원은 전산착오로 결제금액이 잘못 부과되었으며 이번 카드결제 건은 취소하겠다고 안내를 했다.

그런데 다음 날 김 씨에게 전송된 메시지 하나. "귀하의 요청으로 해약된 ○○ 보험금은 지정하신 계좌로 입금완료되었습니다." 이게 뭔가 싶어 확인해 보니, 아뿔싸.... 가입했던 보험이 모두 해지되어 있었다. 보험분만이 아니었다. 적금도 펀드도 모두 사라지고 없었다.

지금까지 여러 유형의 사기범죄를 다루어 왔지만, 이번 유형은 조금 특별합니다. 사례의 주인공은 큰 수익을 바라지도, 적극적으로 기망을 당한 것도 아닙니다. 모르는 카드결제내역을 휴대전화 문자메시지로 받아 문의했을 뿐인데, 결국 보험이나 적금이 해약되어 인출되는 피해를 입었습니다. 이런 사기유형을 통상 스미싱(smishing)[34]이라고 합니다. 참고로 사례는 실제 발생했던 사건을 토대로 재구성한 것으로 피해금이 무려 5억 원에 달했습니다.

사례의 주인공처럼 사용하지 않는 카드메시지가 날아왔을 때, 누구나 발급사실과 사용내역을 확인하기 위해 휴대전화 발신버튼을 누르게 마련입니다. 통상 카드메시지는 해당 카드사의 ARS 전화번호로 연결되어 있기 때문이죠. 주인공도 같은 이유로 발신버튼을 눌렀고, 상담원과 연결이 되었습니다.

GUIDE 1

의심스러운 문자는 절대 발신버튼을 누르지 마라. 그 안의 링크도 클릭해서는 절대 안 된다.

이 부분이 이번 사례에서는 중요한 점입니다. 그 메시지는 발신번호가 조작된 메시지였던 것입니다. 주인공이 발신버튼을 누르자, 사기꾼이 지정한 전화번호로 연결이 되었고, 대기하고 있던 공범이 상담원인척 안내를 합니다. 여러 번 반복해서 친절하게 설명을 들었지

---

34 스미싱(smishing)은 문자메시지(SMS)와 피싱(phising)의 합성어로 악성 앱 주소나 관련 내용이 포함된 휴대전화 문자(SMS)를 대량으로 전송 후 이용자가 악성 앱을 설치하도록 유도하여 금융정보 등을 탈취하는 신종 사기수법입니다.

만, 김 씨는 도저히 이해를 못 합니다. 이해하지 못하는 건 당연합니다. 사기꾼은 결국 원격접속을 허락받을 수 있도록 일부러 어려운 이야기들로만 골라 설명을 하기 때문입니다.

요즘 많은 사람들이 휴대전화나 PC로 은행, 보험, 증권 등 업무를 처리하고 있습니다. 개인인증에 필요한 공인인증서를 휴대전화나 PC에 보관하기도 하고 어떤 어르신들은 휴대전화 메모 앱에 계좌번호나 비밀번호까지 기록해 두는 경우도 있습니다. 그래서 휴대전화나 PC에 원격접속을 허용하는 것은 자신의 재정상황을 그대로 타인에게 보여 주는 것과 같습니다. 설치되어 있는 앱 목록이나 PC 웹브라우저 접속목록만 보더라도 어느 금융기관을 주로 이용하는지 쉽게 확인할 수 있고, 보관되어 있는 공인인증서를 가지고 얼마든지 금융계좌에 접근할 수 있기 때문입니다. 따라서 믿을 만한 사람이 아니라면, 휴대전화나 PC의 원격접속을 허용해서는 안 됩니다.

사례에서는 휴대전화에 원격접속한 사기꾼이 주인공이 거래하던 각종 금융기관에 접속하여 새로운 대출을 받거나, 기존 적금과 보험, 펀드를 해약하여 별도의 계좌로 모두 이체했습니다. 실제 사건에서는 범행이 끝난 후 관련 증거를 모두 삭제하기 위해 휴대전화 초기화까지 시켰던 매우 지능적인 수법이었습니다.

Q&A

Q. 원격접속을 허용해서 작업이 진행되는 중에 이상한 생각이 들었다면 어떻게
해야 할까요?

A. 수상한 낌새를 느꼈다면, 그 즉시 원격접속 앱을 중지시켜야 합니다.
만약 어떻게 해야 할지 모른다면 일단 휴대전화의 전원을 껐다가 휴대
전화를 잘 다루는 사람에게 가져가는 것도 좋습니다. 그리고 WIFI나
데이터 통신을 차단한 채 '전체 앱 목록'을 살펴보면서 원격접속 앱과
원격접속 도중에 설치된 앱을 하나씩 삭제해야 합니다. 앱에 따라서는
휴대전화에 아이콘이 뜨지 않는 경우도 있으니 주의해야 합니다. 만약
어떤 앱이 새로 설치되었는지 잘 모르겠다면, 최소한의 개인정보를 백
업해 두고, 설정에서 휴대전화 초기화를 하는 게 가장 안전합니다.

"당신 명의로 통관되던 밀수품이 세관에 걸려 입건될 수 있다"는
식의 터무니없는 메시지로 피해자를 유인하던 시대는 이미 지났습니
다. 이제는 누구나 받을 수 있는 그런 메시지, 내가 아니면 내 가족과
관련이 되어 있을지도 모르는 그런 평범한 내용으로 피해자에게 은밀
하게 접근하고 있습니다. 사례처럼 카드결제금액일수도 있고, 교통범칙
금 통지내역이나 보험계약 해지통보일 수도 있습니다. 그래서 주인공
처럼 남편을 의심할지언정 메시지 자체는 의심하지 못하게 만듭니다.

결국 의심되는 메시지는 지워 버리는 게 상책입니다. 절대 휴대전
화 발신버튼을 바로 눌러서는 안 됩니다. 만약 확인하겠다면 반드시
네이버나 다음 포털에 등록되어 있는 업체 공인 홈페이지에 접속하여
사실 여부를 확인하십시오. 그리고 혹시 누군가 원격접속하여 확인하
겠다고 한다면 일단은 보류하고 한 번 더 확인하십시오. 끊임없이 의
심하고 확인하는 것이 스미싱 범죄에서 나를 지키는 유일한 길입니다.

위에서 살펴본 스미싱 외에도 피싱, 파밍 등이 있습니다. 모두 전자금융범죄의 일종입니다. 즉 정보통신망을 이용해 피해자의 계좌로부터 자금을 이체받거나 소액결제가 되는 등의 피해를 야기하는 신종 범죄를 말합니다.

일반적으로 사기피해를 당한 경우 범죄자를 검거하기 전에는 손해배상을 받을 길이 없습니다. 그러나 보이스피싱, 스미싱 기타 전자금융 사기에 의한 피해가 발생한 경우, 2개의 법률에 의하여 구제가 가능합니다.

피해금 인출 전: 지급정지 및 환급신청

보이스피싱을 당한 이후라도 범인이 돈을 인출하기 전에는 「전기통신금융사기 피해금 환급에 관한 특별법」에 따라, 즉시 은행이나 112 신고로 지급정지 요청을 할 수 있습니다.

금융회사 또는 전자금융업자에 대한 손해배상청구

이미 인출이 이루어진 이후라도 「전자금융거래법」에 의하여 금융회사 또는 전자금융업자를 상대로 손해배상을 청구할 수 있다는 점이 중요합니다. 같은 법 제9조에 의하면, 원칙적으로 일정한 사이버금융범죄에 관하여 금융기관이 법적 책임을 부담하도록 정하고 있습니다.[35] 자세한 사항은 제3부 피해구제 편에서 자세히 설명합니다.

---

[35] **제9조 【금융회사 또는 전자금융업자의 책임】** ①금융회사 또는 전자금융업자는 다음 각 호의 어느 하나에 해당하는 사고로 인하여 이용자에게 손해가 발생한 경우에는 그 손해를 배상할 책임을 진다.
1. 접근매체의 위조나 변조로 발생한 사고
2. 계약체결 또는 거래지시의 전자적 전송이나 처리 과정에서 발생한 사고

가령 스미싱 게임 소액결제 사기 사건 등에서, 통신회사와 결제대행업체, 게임업체의 민사배상책임을 인정한 바 있습니다.

즉 「정보통신망법」 제60조에 근거한 통신회사의 책임, 「전자금융거래법」 제9조에 근거한 결제대행업체(PG)의 책임을 모두 인정하고, 게임회사와 같은 콘텐츠 제공자(CP)의 경우도 역시 「민법」상 공동불법행위자로서 각 1/3씩 배상을 명한 바 있습니다. 현실적으로도 소비자분쟁조정위원회의 결정에 따라 배상을 해주고 있습니다.

따라서 소액결제로 인하여 피해를 본 이용자는 일단 경찰에 가서 '사건사고사실확인원'을 발급받은 다음에 통신사의 대리점, 지점, 고객센터 또는 게임사, 결제대행사 등 관련 사업자에게 제출하면 됩니다.

---

3. 전자금융거래를 위한 전자적 장치 또는 「정보통신망 이용촉진 및 정보보호 등에 관한 법률」 제2조제1항제1호에 따른 정보통신망에 침입하여 거짓이나 그 밖의 부정한 방법으로 획득한 접근매체의 이용으로 발생한 사고

08

깡통처럼 비어 버린 전세 보증금 – 전세 보증금 사기

윤 씨(35세)는 전세 보증금도 못 받고 거리에 나앉을지도 모른다는 사실에 크게 상심에 빠져 있다. 4개월 전 이곳 빌라로 이사올 때, 다소 높은 근저당이 마음에 걸리긴 했었다. 하지만 대출은 꼭 갚을 거니까 걱정 마시라고, 그 정도 대출이 끼어 있으니까 전세가 이렇게 싼 거라는 공인중개사의 말을 굳게 믿었다. 최악의 경우 경매에 넘어가더라도 소액보증금 최우선변제한도가 2,200만 원이니 2,000만 원 전세보증금은 걱정없다는 설명도 내심 안심이 되기도 했다.

하지만 이사온 지 한 달 뒤부터 집주인은 은행이자를 연체하기 시작했고, 몇 달 안 가 경매에 넘어가고 말았다. 결국 빌라에 설정된 은행채무에도 훨씬 못 미치는 금액에 낙찰되었는데, 최우선변제만 믿고 있던 윤 씨에게 날아온 건 은행이 제기한 배당이의소장. "채무 초과 상태에서 전세를 준 것은 무효"라면서 최우선변제를 인정할 수 없다는 것이었다. 당황한 윤 씨가 주변에 확인해 보니, 자신이 깡통주택 사기에 당했다는 걸 알게 되었다.

2015년 2월 인천에서 금융기관 직원, 법무사, 공인중개사를 끼고

활동하던 부동산 사기조직이 검찰에 대거 적발된 적이 있습니다. 이들의 수법은 이른바 '깡통주택 사기'입니다. 사례의 내용처럼 경매에서 소액임대차 보증금이 최우선변제된다는 사실로 피해자들을 기망하여 전세 보증금을 받은 뒤, 일부러 대출을 연체하여 경매로 넘기는 것입니다. 이것이 문제되는 이유는 근저당권이 대거 설정된 상황에서 시세보다 저렴한 보증금으로 체결한 전세계약은

깡통주택 사기 전단[36]

소액이라 하더라도 보호받지 못한다는 대법원의 일관된 태도[37] 때문입니다.

　　법률지식이 없는 서민들은 경매에 넘어가더라도 「주택임대차보호법」상 소액보증금 최우선변제제도가 보증금을 지켜 줄거라는 말을 믿고 덜컥 계약합니다. 주로 형편이 좋지 않은 서민들이고 시세보다 저렴한 전세를 찾는 경우가 많은데, 시세보다 저렴하다는 점 때문에 사기의 피해자가 되더라도 오히려 항변하기 어렵습니다. 깡통주택 사기도 다른 사기처럼 피해당한 후 구제받는 것보다 처음부터 예방하는 것이 중요합니다. 잘 살펴보면 사기범죄의 징후를 알아볼 수 있습니다.

36　연합뉴스(2015. 2. 5.), "'법 모르는 서민들 울린' 깡통주택 사기조직", https://www.yna.co.kr/view/AKR20150205125800065, 2020. 3. 5. 검색.
37　대법원 2005. 5. 13. 선고 2003다50771 판결.
　　대법원 2015. 5. 28. 선고 2015다2553 판결.

근저당 비율이 과도한 부동산은 일단 피하라.

　부동산 소유자가 부동산을 담보로 대출을 받게 되면, 통상 대출금액의 120%에 해당하는 근저당을 설정되어 등기부등본에 기재됩니다. 등기되는 순서가 중요하므로, 내 임차권보다 먼저 등기된 권리가 없다면 보증금 반환에는 일단 문제가 없습니다. 그러나 먼저 설정된 근저당이 있을 경우, 경매낙찰금액으로 등기순서에 따라 변제하는 것이 원칙이므로 특별히 주의를 기울여야 할 필요가 있습니다.

　결론부터 말씀드리면 임차보증금 총액과 근저당 금액의 합이 부동산 시세의 70%를 넘어서는 안됩니다. 안전하게 보증금을 보장받으려면 50%를 넘기지 않는 것이 좋습니다. 이 비율은 환금이 어려운 빌라나 단독주택이라면 더 내려갈 수도 있습니다. 경매에서 빌라나 단독주택은 낙찰가율이 절반도 되지 않을 때가 많기 때문입니다. 예를 들어 5억 원짜리 빌라가 몇 번 유찰되어 2억 원도 되지 않은 가격에 낙찰되는 경우가 허다합니다. 만약 전세 보증금이 2억 5천만 원이라면 선순위라고 하더라도 일부를 돌려받지 못하는 것입니다.

　만약 임차보증금 총액과 근저당 금액을 합한 금액이 부동산 시세에 육박하거나 초과하는 경우임에도 추가로 임대차 계약을 했다면 대법원은 이 점을 소액보증금 우선변제제도를 악용하여 근저당권자인 은행에게 해를 끼쳤다[38]고 보고 있습니다. 물론 억울한 세입자들도 존재하겠지만, 제도를 악용하여 경매 직전 은행에게 돌아가야 할 자산가치를 제3자에게 빼돌리는 사람들이 있기 때문에 대법원은 은

---

38 법률상 채권자 사해행위(詐害行爲)라고 표현합니다.

행의 손을 들어주고 있습니다.

GUIDE 2

시세보다 지나치게 저렴한 전세가격은 일단 의심하라.

깡통주택 사기를 피하기 위해서 두 번째 명심해야 할 포인트는 시세보다 저렴한 거래는 일단 경계하라는 것입니다.

자본주의 사회에서 이유없이 저렴한 물건은 없습니다. 매매는 물론 임대차계약도 마찬가지입니다. 앞에서 대법원이 새로운 임대차계약이 기존 근저당권자에게 피해를 준다는 것을 임차인도 알고 있었을 것이라고 본 근거는 시세보다 저렴한 임대차거래가격 때문입니다. 어찌되었건 내 임대차보증금은 우선변제제도가 지켜 주겠지 하는 마음으로 경매에 넘어갈 걸 알고도 계약을 했다는 것입니다. 어려운 형편으로 무조건 싼 전세를 찾아야 하는 서민들의 입장에서는 그래서 더욱 이유없이 저렴한 물건은 조심해야 합니다.

GUIDE 3

전입신고와 확정일자를 받는 것은 언제나 중요하다.

좋은 물건을 찾아 전세계약을 했다면 그 다음은 내 임차권의 순위를 확정해야 합니다. 전세계약의 경우 가장 좋은 방법은 전세권을 부동산 등기부등본에 등기하는 것입니다. 하지만 별도의 수수료가 발생한다는 점과 임대인의 협조가 필요하다는 점 때문에 전입신고와 확정일자를 받는 걸로 전세권등기를 대신합니다. 임차인이 실제로 거주하는 한 권리행사 측면에서 효력은 거의 동일하며, 전입신고와 확정일자 날짜가 다르면 둘 중 앞선 날짜가 기준날짜로 인정되는 장점이 있습니다.

공인중개사 사무실에서 잔금을 치르기 전, 등기부등본을 한 번 더 확인하십시오. 그래서 이상 없음을 확인했다면, 잔금을 치르자마자 바로 주민센터에 가서 전입신고하고 계약서에 확정일자를 받으면 됩니다. 어렵지도 않고 수수료도 없지만 보증금을 지키는 기본입니다.

09

우연히 걸려온 전화 한 통 – 보이스피싱

취업준비생 김 씨(28세)는 마음이 급했다. 자신의 실수 때문에 다음 달에 치러야 하는 ○○공기업 면접에서 떨어지진 않을까 걱정뿐이었다. 1시간 전 걸려온 전화 속에서 서울중앙지검 이필수 검사는 1년 전 ○○회사 입사원서로 제출한 신분증 사본이 대규모 금융사기에 연루되어 당장 입건해야 한다고 으름장을 놓았다. 결백을 밝히려면 재산보증을 해야 하고, 수사가 끝나면 돌려주겠다고 했다. 처음에는 의심했지만, 이메일로 보내 온 검찰 출입증과 명함은 TV에서 보던 그대로였다. 검사와 수사관은 교대로 통화하며 통화가 끊어지지 않게 휴대전화 배터리까지 체크했다. 전화가 끊어지면 수배한다는 말에 11시간 동안 통화를 하며 결국 KTX로 서울에 올라온 김 씨.... 어느 주민센터 택배함에 500만 원을 넣어 두고 그 길로 고향으로 내려와 재산보증서를 기다렸지만, 검사는 더이상 전화를 받지 않았다. 허겁지겁 주민센터에 연락해서 택배함을 확인했지만, 돈도 사라진 후였다.

사례 속의 범죄는 전형적인 기관사칭형 보이스피싱 수법입니다.

주인공은 검사라고 사칭하는 사기꾼에게 속아 11시간 동안 통화를 하면서 KTX를 타고 서울까지 올라갑니다. 내용만으로는 쉽게 납득하기 어렵습니다. 아니 어느 누가 그 긴 시간 동안 한 번도 의심하지 않고, 현금을 택배함에 맡긴다는 것일까요? 그렇지만 사례는 실제 발생한 사건입니다. 믿기지 않겠지만 이 글을 읽는 누구에게나 충분히 발생할 수 있는 일입니다.

사기꾼의 마수에 주인공이 걸려든 결정적인 이유는 가장 약한 부분을 파고들었기 때문입니다. 주인공은 1년 전부터 여기저기 입사원서를 넣고 있었으며, 다음 달 공기업 면접을 앞두고 있었습니다. 이런 상황에서 형사입건된다는 것은 상상하기 힘듭니다. 마찬가지로 누군가에게는 결혼이나 진학이, 또 다른 이에게는 회사 경영이 가장 큰 관심사일 것입니다. 그렇다면 범인들은 피해자들의 약점을 어떻게 알까요? 개인정보가 모두 노출되었기 때문에 가능한 것일까요?

그 정답은 보이스피싱 조직이 준비하는 시나리오에 있습니다. 범죄조직이라고 해서 피해자의 모든 정보를 사전에 다 알고 접근하는 것은 아닙니다. 최근 경찰수사에 따르면 보이스피싱 조직은 나이대, 연령대에 맞는 구체적인 시나리오를 30개가량 준비한다고 합니다. 28세의 주인공에겐 취업이나, 결혼 같은 주제로 접근을 했을 것입니다.

불행하게도 주인공은 취업이라는 절절한 현실에 놓여 있었고, 이를 간파한 범인이 던지는 미끼에 그만 걸리고 만 것입니다. 원서는 여기저기 넣었을 것이고, 그중 하나에서 신분증이 유출되었다고 하니 의심할 나위가 없습니다. 여기에는 사기꾼이 보내 준 검찰 출입증과 명함이 결정적인 콘빈서의 역할을 했을 것입니다. 콘빈서가 의심을 해소시켜 확신이 작동하기 시작하면 그로 인한 연쇄반응은 중단하기 어렵습니다. 사기꾼이 검사라고 이미 믿고 있는 피해자가 재산보증을 하라는 요구에 순순히 따랐던 것은 전혀 이상하지 않은 일이었습니다.

하지만 기본적인 예방상식을 알고 있다면 기관사칭형 보이스피싱은 충분히 막을 수 있습니다. 이제부터 하나씩 알아보도록 하겠습니다.

GUIDE 1

공공기관은 절대 금전이나 재산보증을 요구하지 않는다.

공공기관 중 수사기관이 전화를 거는 목적은 조사를 위한 출석 날짜를 통지하는 것 아니면 사건과 관련하여 사실관계를 묻기 위해서입니다. 따라서 사례처럼 결백을 입증하기 위해서 계좌이체나 현금 제공을 요구하거나, 재산보증을 운운하는 것은 100% 사기입니다. 다른 공공기관도 크게 다르지 않습니다. 공공기관은 절대 금전이나 재산보증을 요구하지 않습니다.

GUIDE 2

공공기관은 불필요하게 전화 통화를 길게 하지 않는다.

주인공은 재산보증을 하면 입건을 안 할 수 있다는 말에 속아 11시간 동안 사기꾼과 통화를 하는데, 정상적인 상황이라면 가능한 일일까요?

정답은 아니오입니다. 공공기관은 한가롭지 않습니다. 처리해야 할 업무가 한두 가지가 아니고, 전화를 걸어야 하는 대상도 많을 텐데 물리적으로도 민원인 한 명에게 그렇게 많은 시간을 할애할 수 없습니다. 보통의 공공기관이라면 자신의 용건만 확인하고 나면 전화를 빨리 끊으려고 할 것입니다.

주인공은 현금을 전달하기 위해 KTX를 타고 서울까지 올라왔지만, 공공기관은 사무실 외부에서는 금전이나 물건을 수수하지 않는다는 상식만 알고 있었더라면 한 번쯤 의심했을 것입니다. 외부에서 금전을 전달해 달라고 하면 일단 의심하십시오. 공공기관 내부라고 하더라도 정상적인 수납 업무 외에 금전을 주고받는 일은 없습니다. 상대가 다른 직원들과 친한 모습을 보이더라도 믿으면 안됩니다.

Legal Advice

위 사례는 전형적인 보이스피싱 범죄유형으로 전자금융범죄에 속합니다.

사기죄 등

보이스피싱이란 기망행위로 타인의 재산을 편취하는 사기범죄의 하나로 전기통신수단을 이용한 비대면거래를 통해 금융분야에서 발생하는 사기범죄입니다. 일반적으로 「형법」상 사기죄가 적용되어 10년 이하의 징역 또는 2천만 원 이하의 벌금에 처해집니다. '아들을 납치했다' 또는 '개인정보가 유출됐다' 등의 말로 공포를 느끼게 한 경우에는 공갈죄가 성립할 수 있습니다.

그뿐만 아니라 통장 및 현금카드 등이 사기범행에 사용될 것을 알고도 이를 양도한 경우에는 「전자금융거래법」 위반죄와 별도로 형법상 사기방조죄에 따른 처벌을 받을 수 있습니다(사례: 계좌의 진짜 가격).

손해배상

물품 사기 등과 달리 전자금융범죄의 경우 「전기통신금융사기 피해 방지 및 피해금 환급에 관한 특별법」에 따라 지급정지 및 환급이 가능합니다.

> 다만, 피해구제절차를 통한 환급은 범죄에 이용된 계좌에 잔액이 남아 있을 경우에 가능합니다. 잔액이 남아 있지 않고 전부 인출된 경우에는 별도로 민사소송을 진행하여, 범인의 재산에 대하여 강제집행을 할 수밖에 없습니다.
> 범죄계좌의 잔액이 각 피해자의 피해금액의 합계보다 작은 경우에는 전액배상을 받지 못할 수 있습니다.

금융지원

현실적으로 중국 등에 있는 보이스피싱 범죄조직을 완전소탕할 수 없고 입금한 돈도 사실상 돌려받을 수 없다는 것이 엄연한 사실입니다. 이에 대한 금융지원을 소개합니다.

● 새희망힐링론이란

보이스피싱 등에 의한 금융피해자[39]로서 연소득 4천만 원 이하이며, 신용등급 6등급 이하에 해당하거나 신용등급에 관계없이 연소득이 2천만 원 이하인 분에게 긴급자금을 대출하여 생활안정을 돕기 위한 프로그램을 말합니다(다만, 금융피해일로부터 3년 이내인 경우로 한정).

---

39 보이스피싱 피해자, 불법사금융 피해자, 저축은행 후순위채권 피해자, 무인가 투자자문 및 선물업자 관련 피해자, 펀드 불완전판매 피해자, 보험사고 사망자 유자녀.

1. 지원한도: 금융피해액 범위 내에서 최대 5백만 원
2. 대출내용: 생활안정자금, 학자금
3. 상환방법: 2년거치 3년원리금균등 분할상환(최장 5년)
4. 금리: 연 3%(원리금 24개월 이상 성실납부 시 2%)

10

돈을 빌리는 데도 돈이 드나요? –
대출 빙자 보이스피싱

"신용등급 관계없이 무조건 1% 금리. 500만 원까지 대출 가능" 박 씨(36세)는 돌아오는 카드값이 막막한 지금, 방금 받은 대출 문자가 구세주처럼 보였다. 급한 대로 400만 원만 빌려 쓰고 월급이 나오는 대로 나눠서 갚아야겠다. 전화를 걸자 ○○캐피탈 대출 담당이라는 여성은 박 씨의 사정을 묻는 보증보험에 가입하면 신용등급을 올릴 수 있으니, 보험료 100만 원을 먼저 내고 대신 500만 원을 빌리는 방법을 친절히 알려 주었다. 박 씨는 주변에서 어렵게 100만 원을 구해 여성이 지정한 계좌에 입금했지만 아무런 연락이 없었다. 전화를 걸자 대출 심사 중이라면서 잠시만 기다리라고 했다. 하루가 지나 다시 걸어 보니 이미 수신정지된 상태로 아무도 받지 않았다.

"그때 내 눈에 뭐가 씌였지!", "내가 그때 왜 그랬을까!"

　사기를 당하는 사람이 따로 있는 것은 아닙니다. 동일한 사람이라고 해도 상황과 처지에 따라 사기수법에 걸려드는 경우가 있고, 미리 알아차려 벗어나는 경우가 있습니다. 스스로 합리적이고 조심성이 많다고 자신하는 사람이라고 해도 평소에 다양한 사기유형을 숙지하며 미리 예방해야 하는 이유입니다. 사기는 언제나 수만 가지 모습으로 천사의 탈을 쓰고 나타나는 악마와 같습니다.

사례의 주인공이 그렇습니다. 평소에는 눈길도 주지 않던 대출 문자였지만, 카드값을 막아야 하는 곤란한 사정에 빠지자 1% 금리로 500만 원까지 대출해 준다는 내용에 스스로 빠져든 것입니다. 조금만 상식적으로 보더라도 신용등급 관계없이 대출해 준다는 말은 앞뒤가 맞지 않지만, 주인공에겐 한 줄기 빛처럼 보였을 것입니다.

이것은 전형적인 대출 빙자 사기입니다.

대출 빙자 사기는 대표적인 몇 가지 유형이 있습니다. ① 신용등급이 낮으니까 돈을 입금하면 신용등급을 올려서 대출해 주겠다는 유형입니다. 입금 명목은 보증보험, 잔액증명, 신규거래개설, 공증수수료 등 다양합니다. ② 대출을 받기 위해서는 개인인증이 필요하다면서 문자메시지에 포함된 링크를 클릭해서 인증을 요구하는 유형입니다. 스미싱 수법과 결합되어 있는 이 유형은 피해자의 휴대전화에 악성 앱을 설치하고 원격조종해서 개인정보를 탈취, 금전을 편취하는 수법입니다. ③ 더 저렴한 이자로 대환 대출을 해 주겠다면서 수수료나 개인정보를 요구하는 유형입니다. 수수료만 편취하기도 하고 또는 피해자의 개인정보를 가지고 추가 대출을 일으켜 편취하기도 합니다. 보통 기존 대출이 있는 사람이라면 신용도에 따라 어느 정도 추가 대출 여력이 존재하기 때문에 가능한 수법입니다. 대출 빙자 사기는 이처럼 여러 유형이 있지만, 결국 패턴은 하나로 압축됩니다. 신규 대출 또는 대환 대출을 해 주겠다면서 그 대신 금전이나 개인정보를 요구한다는 거죠.

어느 누구나 당할 수 있는 대출 빙자 사기. 우리는 어떻게 예방할 수 있을까요? 이제부터 알아보기로 합시다.

GUIDE 1

문자메시지나 전화를 이용한 대출 광고는 아예 믿지 마라.

정상적인 대출은 채무자의 신용, 수입과 기존 부채, 재산상태 등을 종합적으로 고려해서 이루어집니다. 은행 대출을 받을 때 재직증명서, 근로소득원천징수영수증 등 각종 서류를 제출하라고 하는 이유는 다 있는 겁니다. 그런데 불특정 다수에게 문자나 전화를 이용하여 대출광고를 한다는 것은 대부분 사기일 가능성이 매우 큽니다. 업체 상호, 대부업 등록번호, 대출 금리, 연락처 등이 기재되지 않은 대출광고는 아예 무시해도 좋습니다.

GUIDE 2

대출하는 데 돈을 요구한다면 사기일 가능성이 크다.

정상적인 대출이라면 선이자, 수수료, 보험료, 중개료 등 어떤 형태의 금전이라도 대출 중개인이 요구하거나 받을 수 없습니다. 대출하는데 금전이 필요하다고 하면 사기라고 보시면 됩니다. 그냥 전화를 끊으십시오.

대출하는 데 보안카드 번호, 인증번호, 휴대전화 개통, 계좌개설 등을 요구하면 사기다.

대출을 받기 위해서는 개인신용을 입증해야 하므로, 신용정보가 필요하긴 합니다. 그건 은행과 같은 금융기관도 마찬가지입니다. 하지만 증빙서류뿐만 아니라 계좌번호와 비밀번호, 보안카드 번호, 문자메시지 인증번호를 불러 달라고 하면 사기일 확률이 매우 높습니다. 특히 문자메시지나 전화로 받은 대출 상담인 경우에는 더욱더 피해야 합니다. 개인신용을 확인한다면서 위임장 작성, 휴대전화 개통, 금융계좌 개설을 요구하는 경우도 있는데, 절대 응해서는 안됩니다. 사기를 당할 뿐만 아니라, 넘겨준 물건이나 서류가 다른 범죄에 이용되어 의도치 않게 범죄에 연루될 수도 있습니다.

앞서 말한 것처럼 시시각각 변하는 상황과 처지가 사람의 눈을 가리고 사기로 이끄는 경우가 있습니다. 사기꾼이 감추지 못하는 범죄 징표와 전형적인 사기유형을 잘 숙지해서 조금이라도 의심되는 항목이 있다면 사기임을 알아차리시기 바랍니다.

Legal Advice

피해구제

대출 빙자형 보이스피싱 사기의 경우, 일반적인 민형사절차를 이용하여 피해구제를 받는 방법 외로 「통신사기피해환급법」에 따른 지급정지 및 환급절차를 진행할 수 있습니다. 따라서 입금 후 시간경과가 얼마 안 되었다면 지급정지를 112나 은행콜센터를 통해 바로 요청하여야 합니다.

사기방조 및 「전자금융거래법」 위반

위 사례는 100만 원을 입금한 것 뿐이어서, 단순히 사기피해자로 끝난 사례입니다. 그런데 한 발 더 나아가 범죄인의 요구에 속아, 범인으로부터 금원을 입금받은 후 타행으로 나누어 이체하거나, 출금 후 법인계좌에 무통장입금을 해 주는 경우에는 문제가 심각해집니다. 자신 명의의 계좌가 사고신고계좌로 지급정지가 되어 금융거래 자체를 할 수 없게 되기 때문입니다.

그뿐만 아니라 경찰에서는 계좌명의자를 대출 사기의 공범으로 분류하여 수사를 진행하게 됩니다. 이 경우 경찰수사에 적극 협조하여 자신도 속았음을 입증하여만 사기혐의를 벗을 수 있습니다.

11

덜덜이를 조심하세요 – 중고차 사기

중고차를 알아보던 회사원 성 씨(32세)는 인터넷에서 시세 절반에 불과한 경차 매물을 찾아 전화를 걸었다. 전화 속 여성은 지금 바로 매장으로 나오면 계약할 수 있다고 했다. 그날 오후 중고차 매장에서 직접 차량을 확인한 성 씨는 계약서를 작성하고 대금 300만 원을 계좌이체하였다. 그런데 부릉~ 시동을 켜자 방금 전과는 달리 큰 소리를 내면서 진동을 일으키는 것이 아닌가. 몇 번씩 시동을 껐다 켰지만 마찬가지였다. 아무리 싸다고 해도 이런 차를 살 순 없었다. 대금 환불을 요구하자 딜러의 표정이 갑자기 무섭게 일그러졌다. 갑자기 소리를 지르면서 계약서에 적힌 대로 차를 가지고 가든지, 대금을 포기하든지, 정 아니면 그 돈을 계약금으로 해서 다른 중고차를 매입하든지 결정하라고 했다. 주변에서 다른 딜러들까지 모여들어 주변을 에워쌌다. 겁을 먹은 성 씨는 할 수 없이 이미 이체한 300만 원을 계약금으로 하는 중고 고급 세단 매매 계약서에 사인하고 말았다.

경차를 사러 갔다가 고급 세단을 계약하는 어이없는 상황. 영화 속 이야기가 아닙니다. 중고 자동차 매매에 있어 종종 발생하는 전형적인 사기 또는 갈취 유형이기도 합니다.

중고차를 판매하는 사람과 구매하는 사람 사이에서는 알고 있는 정보가 다를 수밖에 없고, 비대칭 정보 구조에서는 구매자가 절대적으로 불리할 수밖에 없습니다. 사례의 수법은 이러한 구조를 악용한 경우입니다. 계약이 체결되고 대금이 지불된 이후 하자가 확인되었지만 계약서 어딘가에 기재되어 있는 '대금 절대 환불불가' 문구를 들이대며 하자 있는 실물을 가져가든가 다른 중고차의 계약금으로 전환하자고 강요하는 것입니다.

사례에서 차량의 상태가 갑자기 달라지는 것은 매매대금을 입금받은 이후 사기꾼 일당이 피해자 모르게 차량을 고장 내기 때문입니다.[40] 판매하는 차량을 판매자가 고장 내다니 이해하기 쉽지 않은데요. 가장 큰 이유는 다른 고가의 중고차 매매로 유도하기 위해서입니다. 결국 저가로 광고하던 차량은 미끼인 셈입니다. 이미 매매대금이 넘어간 상태에서 계약금 포기 또는 다른 차 매매를 강권하므로, 대부분의 피해자는 울며 겨자 먹기로 더 비싼 중고차를 구매하게 됩니다.

그렇다면 중고차 사기를 예방할 수 있는 방법은 어떤 것이 있을까요? 이제 하나씩 알아보기로 합시다.

GUIDE 1

시세보다 저렴한 중고차는 일단 피하라.

---

40 이런 수법을 은어로 '덜덜이 작업'이라고 합니다.

사고 이력이 있는 차량이나 연식, 주행거리가 많은 차량은 동종의 시세에 비해서 더 저렴할 수는 있지만 시세에서 100~200만 원 이상 벗어나지 않습니다. 시세보다 저렴하면 분명 이유가 있을 것이고, 터무니없이 저렴하다면 미끼 매물일 가능성이 높습니다. 개인 간 거래에서도 그렇습니다. 충분히 제값 받고 팔 수 있는 물건을 일부러 염가로 파는 사람은 없습니다.

GUIDE 2

중고차 매매업체로부터 매입하는 경우, 차량뿐만 아니라 딜러도 초점을 맞추어 확인하라.

중고차 거래라는 비대칭 정보 구조에서 차량에 대한 충분한 정보를 알기는 쉽지 않습니다. 그래서 차량을 고른다는 생각 말고 딜러를 고른다는 생각으로 접근해야 합니다.

중고차 딜러는 잘 알려진 중고차량 매매사이트, 개인 블로그나 SNS를 활용하여 광고를 많이 합니다. 광고나 실제 매매후기를 읽어보면 양심적인 딜러인지 사기꾼인지 어느 정도 감이 잡히는 경우가 많습니다. 아예 처음부터 딜러를 먼저 고르고, 그 딜러가 거래하는 매물 중에서 선택하는 것도 괜찮은 방법입니다.

GUIDE 3

중고차 매장을 방문했을 때, 보험 가입 여부를 확인하고 의심이 드는 경우 계약서 작성과 대금 지급을 무조건 미룬다.

현장에서 매물을 직접 확인했다고 딜러가 준비한 계약서에 서명부터 하는 것은 좋지 않습니다. 계약서의 내용과 보험 가입 여부를 꼼꼼히 살펴야 하는데, 가장 중요한 포인트는 자동차성능·상태점검책임보험[41] 가입 여부입니다. 이 보험에 가입된 차량은 중고차 매매 후 30일 이내 또는 주행거리 2,000km 이내에서 이상이 발견되거나 사고가 나면 수리비나 부품교체비 등을 보상받게 됩니다. 따라서 가장 먼저 매물이 보험에 가입되어 있는지를 확인하고, 그 다음 자동차성능점검기록부의 내용과 중고차가 동일한 성능을 내는지를 확인[42]하는 순서로 진행합니다. 만약 계약서에 '대금 환불 절대 불가'와 같은 내용이 기재되어 있다면 그 계약은 피하는 게 좋습니다. 만약 현장을 벗어나지 못하게 하거나 주변 사람들이 합세하여 위력을 과시하는 경우에는 그 자리에서 112에 신고하세요. 계약서가 작성되고 대금까지 이미 지급되면 계약을 취소하기가 상당히 번거로워집니다. 그 전에 먼저 주의하고 예방하는 것이 훨씬 낫습니다.

Legal Advice

실제 피해를 입은 경우 많은 비용과 시간을 요하는 일반적인 민사소송보다, 소비자보호원을 통해 피해구제를 신청하는 것이 간편하고 효율적입니다.

---

41 자동차성능·상태점검 책임보험은 중고차 성능점검업체가 점검결과에 책임을 지도록 하여 중고차 매매 과정에서 차량의 과거 이력이나 고장 등을 둘러싼 분쟁을 줄이기 위해 도입되었으며, 2019년 6월부터는 가입이 의무화되었습니다.

42 「자동차관리법」제58조(자동차관리사업자의 고지 및 관리의 의무 등)에 따라 자동차 매매업자는 자동차성능·상태점검 내용을 매수인에게 서면으로 고지하여야 합니다. 만약 고지하지 않거나 허위로 고지한 경우, 같은 법 제66조에 따라 사업의 취소 또는 정지에 처해질 수 있습니다.

한국소비자보호원

　실제 한국소비자보호원에 접수된 중고차 매매 피해구제신청 처리 결과를 보면 절반가량은 사업자와 합의가 이루어져 피해를 구제받을 수 있다고 합니다. 배상, 환급, 수리·보수 등을 받을 수 있습니다. 그리고 예시 사례와 같은 허위매물 신고도 구제받을 수 있습니다.

Q. 매매상사로부터 보닛 부분만 단순교체를 하였다고 하여 이를 믿고 2019년식 쏘나타 차량을 2,400만 원에 구입하였고, 구입 후 1주일 정도 경과된 시점에 변속기에 하자가 발생하여 정비업소에서 점검을 받은 결과 엔진룸까지 사고로 인해 수리한 사실이 확인되었습니다. 매매상사는 사고 사실을 알지 못하였다는 이유로 책임을 회피하는데 어떻게 해야 하는지요?

A. 중고 매매 사업자는 사고 유무에 대해 정확하게 고지할 의무가 있습니다. 중고자동차 매매사업자는 중고자동차를 판매하기 전 「자동차관리법」에 나와 있는 중고자동차 성능점검기록부 양식에 의거 자동차의 상태를 표시한 내용을 고지 및 서면 교부하도록 되어 있습니다. 따라서 매매사업자로부터 중고자동차를 구입 시 무사고 차량이라고 고지한 내용이 사고차량으로 확인될 경우 매매상사에서 그 사실을 몰랐다고 하더라도 손해배상 책임이 있습니다. 참고로 사고 이력에 대한 정확한 정보조회를 위해서는 보험개발원의 사고이력정보조회서비스(www.carhistory.co.kr)를 이용하면 보험사고 이력을 확인할 수 있습니다.

사기죄와 행정처분

　사례의 경우는, 처음부터 고가의 다른 중고차량 매매로 유인하기 위해 피해자를 속였다는 점에서 당초 지급한 계약금에 대한 사기죄가 성립합니다. 형사고소를 통해 중고차 딜러에 대한 처벌을 요구할 수 있습니다. 이와 더불어 매매업자에 대한 영업정지 등 행정처분도 함께 이루어질 수 있음은 물론입니다.

● 한국교통안전공단이 운영하는 '자동차 365' 앱
자동차 365 앱을 활용하면 중고차 매물차량 검색, 중고차 이력 조회, 회원사와 종사자 조회, 등록비용, 매매요령 등 정보를 확인할 수 있습니다.

중장년기

만 40~59세에 이르는 시기로, 점차 노화가 시작되어 지각능력이 약화되고 기억력도 감소하며 여성의 폐경기와 남성의 갱년기 같은 중년의 위기가 나타나기도 한다. 신체적 노화는 시작되지만 경제적 안정이 시작되는 시기이며 주택자금과 자녀들을 위한 학자금, 결혼자금에 대한 압박도 커진다. 따라서 투자 사기에 현혹되어 어렵게 저축한 목돈을 날리는 경우가 발생하기도 한다. 자금수요가 폭증하는 때인 만큼 여전히 각종 사기범죄에 매우 취약한 시기다.

12

날아간 내 집 마련의 꿈 – 분양권 사기

인천에 사는 김 씨(41)는 청라국제도시 아파트를 3년 전의 분양가로 살 수 있다는 정보를 접하고는 마음이 설레었다. 공사가 거의 끝나 입주를 앞둔 전용면적 59㎡형 아파트가 4억 원. 현재 시세가 5억 원까지 오른 점을 고려하면 1억 원 가까이 남는 셈이다. 현장 근처 분양대행사 직원은 김 씨에게 "분양 초기 미분양일 때 건설회사가 자기 직원 앞으로 돌려놓은 아파트"라며 "천만 원만 웃돈으로 얹어 주면 물건을 넘기겠다"고 꼬드겼다.

김 씨는 이들과 함께 매물 아파트에 방문, 꼼꼼히 살펴본 뒤 결심을 굳혔다. 분양대행사 사무실에서 분양권 매매계약서를 쓰고 계약금으로 일단 4천만 원을 건넸다. 나머지 중도금과 잔금은 한 달 후 등기 이전할 때 지불하기로 합의했다. 그런데 약속한 잔금 날이 되어도 소식이 없어 분양대행사에 찾아가 보니 황당하게도 아무도 없었다. 또한 계약금을 치른 집에는 원래 주인이라며 다른 사람이 살고 있었다.

요즘처럼 아파트 청약 열기가 높을 때는 인기 지역에서 아파트 분양을 받기가 매우 어렵습니다. 경쟁률이 높은 곳은 수천 대 일에 이르는 경우가 많아 청약 당첨이 복권 당첨을 기다리는 것과 비슷해졌습니다. 그래서 많은 실수요자들은 청약 대신 분양권을 매매하는데, 이 과정에서 허점을 노리는 사기꾼이 있으므로 주의해야 합니다.

사례에서 주인공은 시세 5억 원의 아파트를 4억 1천만 원의 분양권으로 구입하고자 했습니다. 1천만 원 프리미엄을 지불하더라도, 계약하자마자 9천만 원 상당의 이익을 볼 수 있으니 얼마나 이익인가요. 당장 눈앞에 이익이 보일 때 사람들이 간과하기 쉬운 점은 가장 기초적인 확인, 즉 매물이 진짜인지 여부는 잘 판단하지 않는다는 것입니다. 실제로 초반에는 미분양이었다는 부동산 기사를 읽고 나면 저 정도 가격이면 당장 시세대로 팔아도 이익이 남겠다는 생각이 강력한 엔티서가 되어 계약금을 입금하게 합니다.

주인공이 아파트에 직접 방문을 해서 꼼꼼히 살폈다는 것은 그리 중요하지 않습니다. 사기꾼은 처음부터 정상적인 거래를 할 생각이 없었을 테니, 비어 있는 곳 중에서 최고의 조망으로 골라 적당히 보여 주었을 것입니다. 멋진 시설과 조망은 꼭 계약을 해야겠다고 마음먹게 하는 콘빈서의 기능을 할 뿐입니다. 그렇다면 분양권 매매는 절대 하면 안 되는 것일까요?

합법적인 분양권 매매는 전혀 문제되지 않습니다. 다만 매매 후 곧바로 부동산 등기를 할 수 있는 것이 아니고, 실제 입주까지는 시간이 걸리는 점을 이용하는 사기꾼들이 많다는 것뿐입니다. 이제 분양권 사기를 피하기 위한 상식을 하나씩 알아보도록 하겠습니다.

대상 부동산 주변의 환경, 분양조건, 내부 인테리어 등을 더욱 꼼꼼하게 확인
해야 한다.

분양권이 매매되는 시점에는 모델하우스가 철거되고 없는 경우가
많습니다. 대상 부동산 주변의 환경이 어떠한지, 혐오시설은 없는지,
향후 계획된 기반시설은 어떤 것이 있는지 모델하우스에서 직접 확
인하지 못한 만큼 더욱 꼼꼼하게 챙겨야 합니다. 특히 내부 인테리어
분쟁 시 모델하우스 시공이 기준이 되는 경우가 많으므로, 모델하우
스에서 사용된 자재 목록 등을 건설회사에서 확보하여 확인해야 합
니다. 최근까지 시공사가 구두로 입주예정자들에게 시공변경을 약
속한 사실은 없는지, 주변 부동산을 통해서 미리 확인하는 것도 좋습
니다.

분양권은 매도인이 누구인가가 중요하다.

분양권을 매매할 때는 자칫 어느 동, 몇 층, 몇 호 라인인지 따지
느라 정작 중요한 점을 놓치기 쉽습니다. 그중 하나가 분양권 매도인
의 적격성 여부를 확인하는 일입니다.

분양권은 말 그대로 분양을 받을 수 있는 권리일 뿐 소유권이 아
니기 때문에 자유로운 매매가 제한되는 경우가 많습니다. 대표적으로
분양권 전매 금지 기간 내 거래를 꼽을 수 있습니다. 전매 금지 기간
내 거래라고 하더라도 민사거래는 유효하다는 것이 일관된 대법원

판례이나, 최근 무효로 판결하는 하급심이 생겨나기 시작했습니다. 즉 전매금지 분양권을 샀다면 입주시점에 부동산 가격 등락에 따라 분쟁의 소지가 생길 수도 있는 등 여러모로 피곤해질 수 있습니다.

각종 특별분양의 경우에는 전매 금지 기간이 설정되어 분양권의 명의자라고 해도 마음대로 처분하지 못하는 경우가 있습니다. 그래서 분양권의 매도인이 명의자일 뿐만 아니라 매도할 수 있는 자격까지 갖췄는지 확인하는 것이 중요합니다. 사례의 주인공은 명의자를 직접 만나지 않은 실수를 범했습니다. 건설회사가 미분양을 해소하기 위해 직원 명의로 돌려놓는 것은 관행처럼 이루어지곤 하지만 어떠한 경우에도 명의자와 직접 만나 거래를 해야 합니다.

GUIDE 3

반드시 부동산 중개사무소에서 공인중개사를 통해 거래한다.

마지막으로 중요한 점은 부동산 중개사무소에서 공인중개사를 통해 거래를 해야 한다는 것입니다. 분양권 역시 엄연히 부동산에 관한 권리를 매매하는 것이므로 공인중개사가 중개하는 것이 원칙입니다. 거래 당사자를 직접 확인시켜 주고 법률상 문제될 점은 없는지 중개 전문가로서 확인하는 것이 공인중개사의 의무입니다. 사례처럼 공인중개사도 아닌 자가, 부동산 사무실도 아닌 곳에서 작성한 계약은 민사상으로 유효할지는 몰라도, 거래사고가 발생하기 쉽고 피해를 보장받기도 매우 곤란합니다. 다른 부동산 투자처럼 분양권 거래도 거액을 투자하는 만큼 철저히 확인한 후에 보수적으로 움직여야만 사기를 예방할 수 있습니다. 급한 거래일수록 체하기 쉬운 법입니다.

Legal Advice

　분양권 사기는 여러 유형이 있습니다. ① 허위과장광고에 의한 사기 ② 부정청약으로 사후 무효가 될 것을 잘 알면서도 마치 정상적인 분양권인 것처럼 거래하는 경우 등이 있습니다.

　위 사례는 분양권 없는 사람이 분양권 매매를 빙자하여 계약금 등을 받고 달아난 경우입니다. 「형법」상 사기죄에 해당하며 경찰서에 고소하여 수사를 진행할 수 있음은 물론입니다. 또한 이와 별개로 민사소송을 진행하여야 합니다.

13

원금손실 절대 없습니다 - 불완전판매

"죄송합니다. 사모님." ○○그룹이 법정관리를 신청했다는 뉴스를 듣고 증권사를 찾아온 강 씨(54세)는 잘못하면 투자금의 1/3도 돌려받지 못할 수 있다는 얘기를 듣고 할 말을 잃었다. 노후자금으로 쓸 1억 원을 증권사 직원 말만 믿고 ○○채권에 투자한 것이 6개월 전이었다. 절대 망할 리 없다면서, 설사 망하더라도 ○○그룹 계열사이기 때문에 그룹차원에서 보장하는 상품이란 얘기만 철저히 믿었다. CP가 무엇인지, 회사채는 무엇인지도 잘 몰랐다. 주식보다 안전한 채권이라며 연 7~8%는 보장한다고 했는데…. 은행이자보다 높은 이율에 혹했던 자신이 너무 원망스럽기만 했다.

사기피해를 입게 되면 많은 피해자들이 스스로 무능하고 부주의해서 피해를 입었다고 자책하곤 하지만, 실수로 사기를 치는 사기꾼은 없습니다. 남을 속여 금전이나 재물을 편취하려는 생각을 품은 사기꾼 앞에서 피해자가 운 나쁘게 걸려드는 것 뿐입니다. 그러므로 모든 것을 자신의 책임인 것처럼 생각하는 태도는 옳지 못합니다.

기망이 처음 시작되는 조건이나 계기를 '엔티서'라고 한다는 것은 이미 살펴보았습니다. 위 사례에서는 "○○그룹 차원에서 보장하는 상품", "주식보다 안전한 채권", "연 7~8% 보장"이 엔티서로 작용한 것으로 볼 수 있습니다. 유사수신 사례처럼 터무니없는 수익을 약속하진 않지만, 시중 은행이자율이 2%를 하회하는 지금 연 7~8%면 충분히 매력적인 수익률입니다.

특히 주인공이 1억 원을 맡긴 증권회사라는 곳은 금융당국의 정식 인가를 받아 증권을 매매하거나 투자를 권유하는 곳이지요. 이곳에서 사기가 발생할 거라고는 아무도 의심하지 못할 것입니다. 따라서 증권회사라는 타이틀 자체가 사기범죄에 있어서 '콘빈서'가 됩니다. 증권회사에서 권유하는 금융투자상품이 설마 사기일까 하는 마음이 확신을 주므로, 별다른 의심없이 직원의 권유에 따라 실제 투자로 이어지기 때문입니다.

금융회사에서 발생하는 금융투자상품 사기가 매우 위험하고 예방하기 힘든 이유가 바로 여기에 있습니다. '엔티서'가 되는 수익률은 범죄의 미끼라고 보기엔 비교적 합리적이고, '콘빈서'가 되는 증권회사는 현대 자본주의 사회의 신뢰 그 자체이기 때문입니다. 결국 기망이 피해로 이어지는 사기의 연쇄고리를 끊어 낼 계기가 좀처럼 드러나지 않는 것입니다.

하지만 어떠한 상황에서도 우리는 사기로부터 스스로를 지켜야 합니다. 판별해 내기 어렵다고 하더라도, 발생할 가능성을 줄이고, 피해를 최소화시키는 전략을 구사할 줄 알아야 합니다. 이를 위해 지켜야 할 수칙을 몇 가지를 알려드리겠습니다.

GUIDE 1

정확하게 이해하지 못한다면 투자하지 말라.

주인공은 CP(기업어음)가 무엇인지, 회사채가 무엇인지 잘 알지 못했습니다. 일반적으로 투자에서 중요한 건 무엇에 투자하느냐 만큼이나 그게 무엇인지 정확히 이해하고 있느냐입니다.

기업회계에 전문가 수준으로 정통하지 않더라도 주식에 투자한다면 기업의 사업내용, 주력 제품이나 서비스, 재무구조 등에 대해서는 알고 시작하는 것이 상식입니다. 채권도 종류, 투자등급인지 여부, 발행회사의 재무상태, 왜 고금리가 지불되는지, 만약 회사가 도산한 경우 해당 채권의 변제순위 정도는 이해하고 있어야 합니다. 채권이 비교적 안전하다고 해도 이것을 모르고 투자한다는 것은 운에 내 돈을 맡기는 도박이나 다름없습니다. 만약 선물이나 옵션과 결합되어 있는 파생상품이라면 이보다 내용이 더 복잡해집니다. 12년 전 수출입업체들을 울렸던 키코(KIKO, Knock - In Knock - Out),[43] 최근 문제된 DLF(파생결합펀드, Derivative Linked Fund)[44]가 모두 파생상품입니다.

금융상품 사기를 방지하기 위해서 지켜야 할 행동 수칙은 다음으

---

43 환율하락으로 인한 환차손 위험을 줄이기 위해 수출기업과 은행 간 맺는 일종의 계약으로 파생상품입니다. https://ko.wikipedia.org/wiki/KIKO

44 주식, 주가지수 이외의 기초자산(원유, 금, 금리, 신용 등)의 가격변동에 연계된 파생결합증권에 투자하는 펀드. 국내, 국외의 기초자산의 가격·금리·지표·단위 또는 이를 기초로 하는 지수 등의 변동과 연계하여 미리 정하여진 방법에 따라 투자수익이 결정되는 증권인 파생결합증권(DLS)을 투자의 대상으로 삼는 펀드를 말합니다. 금리 연계 파생결합펀드의 경우 일정 한도의 금리 변동폭 내에서는 상대적 고율의 수익을 지급하지만, 변동폭을 초과하는 경우 원금 손실의 위험이 크게 발생하는 리스크가 있습니다. https://100.daum.net/encyclopedia/view/47XXXXXb1063

로 정리할 수 있습니다.

① 만약 해당 상품을 권유하는 금융회사 직원이 있다면 일단 충분히 설명을 들으십시오. 그리고 ② 그 설명의 내용이 정확하게 기재되어 있는 인쇄물 등을 반드시 확보해 두어야 합니다. 불완전판매 사건에서 주로 분쟁이 발생하는 부분은 말로는 원금보장을 약속했는데, 관련 인쇄물에는 해당 내용이 아예 없거나 원금손실 가능성을 언급한 경우입니다. ③ 필요하다면 양해를 구하여 녹음을 해 두는 것도 괜찮습니다. 공식 인쇄물에는 없는 내용을 약속할 때는 일단 경계해야 합니다. 사례 중에는 금융회사 직원이 개인적으로 원금보장을 약속한 경우도 있는데, 피해를 입더라도 현실적인 구제책이 되긴 어렵습니다.

GUIDE 2

그래도 투자하겠다면 분산투자하라.

개인투자자가 상품의 모든 것을 이해하기란 현실적으로 불가능합니다. 설령 이해했다고 하더라도, 불확실한 미래에서 100% 보장되는 것은 세상에 없습니다. 하물며 금융기관에서 판매하는 상품이 사기인지 여부는 정확히 판별하기가 사실상 불가능합니다.

그런 의미에서 혹시 모를 사기피해를 줄이는 마지막 전략은 바로 분산투자입니다. 미래 판단에 자신 있고 충분히 이해했다고 하더라도, 내 돈 전부를 한곳에 투자하는 일은 피해야 합니다. 커다란 배가 내부에 격벽을 세워 침몰을 막고 대양을 건너는 것처럼 투자 역시 적절히 분산해야만 혹시 모를 사기의 피해를 줄일 수 있습니다.

Legal Advice

위 사례는 2013년에 세상을 떠들썩하게 만든 동양그룹 사기 CP 사건을 재구성한 것입니다. 「자본시장법」상 구제방법과 「형법」상 사기죄에 의한 처벌을 알아보겠습니다.

불완전판매에 의한 분쟁조정

펀드, 채권 등 금융상품 모집인이 상품의 위험성과 손실 가능성 등을 소비자에게 제대로 알리지 않고 판매 경우를 불완전판매라고 합니다. 금융상품의 불완전판매와 관련해서는, 일반적인 민형사절차 외에도 「금융시장과 자본시장의 통합에 관한 법률」(약칭: 「자본시장법」)에서 특별한 피해구제방법을 마련하고 있습니다. 불완전판매의 주요 유형은 다음과 같습니다.

유형 1: 적합성 원칙 위반[45]
- 일반투자자의 투자목적, 재산상황 및 투자경험 등의 정보를 파악하고 이를 일반투자자로부터 확인받아 유지, 관리하지 아니하는 행위

유형 2: 설명의무 불이행[46]
- 금융투자상품의 내용과 투자위험 등을 일반투자자가 이해할 수 있도록 설명하지 아니하는 행위
- 설명내용을 일반투자자가 이해하였음을 확인받지 아니하거나, 투자설명서를 교부하지 아니하는 행위

---

45 「자본시장법」 제46조.
46 「자본시장법」 제47조, 금융투자업규정 제4 – 20조.

유형 3: 부당권유의 금지 위반[47]
• 거짓의 내용을 알리는 행위
• 불확실한 사항에 대하여 단정적 판단을 제공하거나 확실하다고 오인하게 할 소지가 있는 내용을 알리는 행위
• 투자권유를 받은 투자자가 이를 거부하는 취지의 의사를 표시하였음에도 불구하고 투자권유를 계속하는 행위(1개월 경과 후 재권유하거나, 다른 종류의 금융투자상품권유 제외)
• 투자자로부터 금전의 대여나 그 중개, 주선, 대리를 요청받지 않고 이를 조건으로 투자권유를 하는 행위

유형 4: 무자격자에 의한 투자권유[48]
• 등록된 투자권유대행인 또는 투자권유자문인력이 아닌 자에게 투자권유를 하게 하는 행위

위와 같은 불완전판매의 경우 ① 금융감독원 ② 한국소비자원 ③ 한국금융투자협회로부터 인터넷 법률상담, 분쟁조정 등의 도움을 받을 수 있습니다.

이들 기관을 통해 분쟁조정절차를 진행하려면, 먼저 ① 피해를 입증할 자료를 준비하는 것이 좋습니다. 투자설명서의 내용을 사실 그대로 설명했는지, 과대광고나 원금보장 약속이 있었는지 등 펀드 가입 당시 직원의 설명내용을 정리합니다. ② 가능하다면 판매한 지점 내지 그 본점(감사실)과 협의하여 신속하게 마무리 지을 수 있으면 좋습니다. ③ 이때 내용증명서를 발송하게 되면 향후 소송을 준비한다는 생각을 주어 피해구제의 의지를 보여 줄 수 있습니다. ④ 협의가 원만하지 않은 경우 분쟁조정기관을 이용합니다.[49]

---

47 「자본시장법」 제49조, 동법 시행령 제54조, 제55조.
48 「자본시장법」 제51조, 제71조제5호.
49 조선비즈(2014.10.20.), 동양사태 피해자, '사기 판매로 추가 분쟁조정 가능한가'의 제하의

사기죄

불완전판매에 해당한다고 하여, 사기죄가 성립하는 것은 아닙니다. 사기죄가 성립하려면 사기의 고의가 있어야 합니다. 이 사건에서도 동양그룹 경영진들은 대대적인 구조조정을 통해 조달된 자금으로 이 사건 CP 등을 상환할 수 있다고 믿고 발행·판매하였을 뿐 일반 투자자들을 기망하여 판매대금을 편취하려는 범의가 없었고, 구조조정에 실패한 경영상의 잘못이 있을 뿐이라는 주장을 거듭하였습니다. 이 사건에서 제2심 법원은 CP에 대한 변제능력은 계열사의 개별적 상환능력이 아니라 동양그룹 전체의 변제능력을 기준으로 판단하여야 하고, 구조조정계획에 의한 자산매각 등을 통하여 조달한 자금의 규모를 볼 때 계획 자체가 실현 불가능하거나 구조조정이 성공하더라도 부도를 면할 수 없었다고 볼 수 없다고 보았습니다. 이를 근거로, 1차 구조조정 이전 CP를 발행한 혐의사실에 대하여 무죄를 선고하고, 1차 구조조정이 실패한 이후 발행한 CP 등에 대하여는 만기에 상환되지 않을 것을 용인하면서 CP 등을 발행하였다는 점에서 사기혐의를 유죄로 인정하였습니다. 최근 대법원은 2심을 확정지었습니다.[50]

글에서 실제 사건에서 금감원에 의한 조정이 성립된 건은 1만3,147건으로 조정 성립률은 87.7%에 달하였다고 합니다. 나아가 금감원은 위와 같은 분쟁조정으로 불완전판매 피해자들이 투자액의 64.3%인 3,790억 원을 회수할 수 있을 것으로 예상하고 있습니다.

50 대법원 2015. 10. 15. 선고 2015도8191 판결.

14

저... 삼촌... 부탁이 있는데요 - 메신저피싱

최근에 이 씨(58세)는 황당한 일을 당했다. 1년 전 조카의 결혼식장에서 인사를 나눈 이후로 연락 한 번 없던 조카사위 김 서방이 카카오톡으로 조심스럽게 부탁을 해 왔던 게 발단이었다. "저... 삼촌... 부탁이 있는데요." 딸처럼 아꼈던 조카였다. 차량사고 합의금으로 90만 원이 필요하다는 부탁에 돈보다는 걱정부터 앞섰다. 얼마나 급했으면 나한테 부탁할까. 찍어 준 계좌에 서둘러 입금한 이 씨는 답이 없는 김 서방이 섭섭하지도 않았다. 그렇게 한 달이 지날 무렵, 사고는 잘 마무리가 되었는지 궁금하기도 해서 전화를 했던 이 씨. 6개월 전부터 신랑은 해외출장 중이라는 조카의 말에 황당해서 말을 잇지 못했다.

사기라는 범죄가 빼앗는 것은 돈만이 아닙니다. 사기는 신뢰와 사랑으로 이루어진 공동체 자체를 파괴합니다. 우리 사회에서 반드시 사기가 근절되어야 하는 이유입니다.

사례에서 주인공이 겪은 황당한 사기사건이 그 대표적이라고 할 수 있습니다. 딸처럼 아끼던 조카, 그 조카의 남편이 어렵게 자신에게 카카오톡 메시지를 보내어 도움을 요청했습니다. 그 메시지를 받고 어느 누가 기꺼이 손을 내밀지 않을까요? 사기꾼은 이러한 인간의 인지상정을 노리고 때로는 자식으로, 조카로, 제자로, 회사 상사로 행세하며 쉽게 거절하지 못하는 금전요구를 시도합니다. 우리는 이것을 메신저피싱(messenger phishing) 수법이라고 부릅니다.

사기꾼은 피해자가 의심할 수 없도록 카카오톡 프로필 사진을 피해자가 착각하는 인물의 사진으로 설정하기도 하고, 메시지 중간에 피해자가 알 만한 제3의 인물을 언급하면서 진짜인 것처럼 행세합니다. 물론 새로운 전화번호로 피해자에게 접근하기 때문에 피해자의 카카오톡에는 '친구로 추가되지 않은 상대'라는 표시가 뜨지만, 이것을 의심하는 피해자에게는 "급한 상황이라 모르는 사람의 휴대전화를 잠시 빌렸다"고 속이기도 합니다.

이런 황당한 일들이 어떻게 발생할 수 있을까요? 그리고 이런 사기를 방지하기 위해 무엇을 해야 할까요? 하나씩 살펴보도록 합시다.

GUIDE 1

제일 먼저 챙겨야 하는 것은 휴대전화의 보안이다.

메신저피싱은 무엇보다 개인정보 유출과 밀접한 관련이 있습니다. 다른 보이스피싱처럼 무작위로 전화를 돌리는 게 아니라, 어머니에게는 엄마, 이모에게는 이모라고 정확하게 호칭하면서 접근하기에 예방하기 더 어려운 유형입니다. 이것은 개인정보 특히 휴대전화 주소록이 고스란히 유출[51]되었기 때문에 가능한 일입니다.

---

51 휴대전화 개인정보 유출에 대해 이해하려면 먼저 휴대전화에서 개인정보가 백업되는 구조

이를 방지하기 위해서는 ① 지금 바로 휴대전화를 꺼내어 연동되는 구글 드라이브, 아이클라우드 등 휴대전화 연동 클라우드 서비스를 모두 찾아보고 불필요한 백업은 모두 설정에 들어가서 해지하십시오. 그리고 ② 안드로이드폰이라면 연동된 구글 계정,[52] 아이폰이라면 아이클라우드 계정을 확인하여 비밀번호를 적당히 복잡하게 변경하십시오. ③ 만약 위 작업을 스스로 하기 어렵다면 가까운 통신사 대리점에 가서 직원에게 휴대전화 주소록이 백업되는 클라우드가 무엇인지 확인해 달라고 요청하고 위와 같이 조치하면 됩니다.

휴대전화 보안 설정은 한번 했다고 끝까지 유지되는 것은 아닙니다. 휴대전화에 설치된 앱에 따라 설정이 변경될 수도 있습니다. 따라서 ④ 카카오톡이나 문자, 이메일로 전달되는 인터넷 링크는 함부로 클릭하지 말고, 첨부된 파일을 함부로 다운로드받지 않아야 합니다. 악성코드가 휴대전화나 컴퓨터에 설치되면 저장되어 있는 아이디 등이 탈취되거나, 심할 경우 범인에 의해 원격으로 조종될 수 있습니다.

GUIDE 2

친구로 등록되지 않은 사람에게서 금전요구 SNS 메시지가 오면 의심해야 한다.

부터 이해해야 합니다. 만약 자신의 휴대전화가 안드로이드폰이라면 구글(google.com) 계정이 반드시 생성되어 있을 것이고, 휴대전화 설정에 따라 구글 클라우드인 구글 드라이브(Google Drive)에 주소록과 같은 개인정보가 백업되어 있을 확률이 높습니다. 만약 아이폰이라면 마찬가지로 아이클라우드(iCloud) 계정에 백업되어 있을 것입니다. 그 밖에 백업이 가능한 클라우드는 삼성 클라우드, 네이버 클라우드가 있습니다. 문제는 자동백업은 되고 있는데 계정 관리가 허술한 경우에 비밀번호를 바꿔 가며 침입하는 해커의 시도에 꼼짝없이 당할 수 있다는 점입니다. 주소록과 같은 개인정보가 해커의 손에 넘어가면 메신저 피싱과 같은 부메랑이 되어 본인을 위협하게 됩니다.

52 안드로이드 휴대전화 설정에서 확인 가능합니다.

카카오톡을 통해서 오는 금전요구 메시지는 일단 의심을 해야 합니다. 친구로 등록되지 않은 사람이라면 더욱더 그렇습니다. 목소리를 직접 확인하는 것이 좋겠지만, 아마 범인은 갖가지 이유를 대면서 전화를 거부할 것입니다. 특히 회사 상사로 행세하는 경우라면 확인해보겠다는 요구조차도 감히 하지 못하겠지요.

이럴 때 제일 좋은 방법은 ① 응할 것처럼 하면서 시간을 끌다가, 내가 상대에게 직접 전화를 걸어 확인하는 방법입니다. 사례의 경우라면 조카사위에게 직접 전화를 걸어 보는 게 가장 좋습니다. 만약 그 번호를 모른다면, ② 가까운 지인인 조카에게 전화를 해 볼 수도 있습니다. 우연의 일치로 전화가 연결되지 않는다면, ③ 메시지로 그 사람만이 알 수 있는 사실을 살짝 물어보는 것도 괜찮습니다. 조카사위에 대해서는 잘 몰라도 조카에 대해서는 잘 알고 있을 테니 조카가 요즘 다니는 회사 근황이 어떤지 물어볼 수도 있습니다.

마지막으로 ④ 기분 상하지 않게 대하면서 시간을 끄는 것입니다. 상대가 범인이 아니라 진짜라고 하더라도 그런 태도에 기분 나빠하지는 않을 겁니다. 오히려 어떻게든 도와주려는 태도에 고마워할 것입니다. 만약 범인이라면 중간에 포기할 확률이 높습니다. 피해자가 의심을 하고 있다는 사실을 알게 된다면 다음 피해자를 물색하게 마련이니까요.

위에서 말씀드린 방법 모두 누군가를 의심해야만 가능한 일이기에 씁쓸하기만 합니다. 사례 속 주인공처럼 돈보다 안전을 더 걱정해주는 고마운 관계에서조차 말이지요. 하지만 어쩔 수 없습니다. 사기는 무엇보다 자신 스스로 예방해야 합니다.

사기죄

위 사례는 전형적인 메신저피싱 사건으로 조카사위를 사칭한 자를 사기죄로 처벌할 수 있음은 분명합니다.

착오송금의 주장

사안은 사기범에게 속아서 돈을 넘겨주었지만, 넘겨준 돈을 돌려받기 위해 은행에 착오로 송금하였음을 주장하여, 은행으로부터 돈을 반환받을 수 있을지 문제됩니다.

은행에 대한 착오송금 반환청구 신청

착오송금이 발생했다면 금융회사 콜센터에 '즉시 반환요청'을 할 수 있습니다. 2015년 9월부터 착오송금인이 굳이 영업점을 방문하지 않아도 반환신청이 가능해져, 주말이나 공휴일에는 콜센터에 전화만 걸면 반환청구 접수가 가능합니다. 다만 금융기관은 수취인으로부터 **착오송금 반환동의**를 구해야 합니다. 수취인이 동의하지 않거나, 등록된 수취인 연락처가 예전 연락처이거나, 압류 등 법적 제한이 걸려 있는 경우 돈을 받기가 어렵습니다.

물론 사안과 같이 사기피해를 당한 경우 수취인이 이를 동의해 줄 리 없습니다.

부당이득반환청구소송과 횡령죄

임의적으로 돌려받는 것이 불가능하다면, '부당이득반환청구소송'을 제기할 수 있습니다, 다만 시간과 비용이 많이 든다는 문제가 있습니다.

횡령죄란 타인의 재물을 보관하는 자가 그 재물을 횡령하거나 그 반환을 거부한 때 성립합니다. 공금횡령뿐만 아니라 **착오로 송금된 돈도 수취인은 이를 보관할 의무가 있는 재산이므로 반환하지 않으면 횡령이 성립하며,** 돈을 보낸 사람과 받는 사람이 거래관계가 없다고 하더라도 마찬가지입니다.[53]

★ 인터넷뱅킹이나 모바일뱅킹을 통한 송금 때 수취인의 계좌에 일정시간 이후 돈이 입금되도록 하는 지연이체서비스를 이용하는 것도 좋습니다.
   (제3부 피해구제 편 참조)

---

53 대법원 2005. 10. 28. 선고 2005도5975 판결.

통장의 진짜 가격 - 대포통장

"쇼핑몰을 운영하는데 매출이 많아 절세를 고민중입니다. 3일만 계좌를 빌려주면 300 드립니다." 세상에 이렇게 편하게 돈 버는 방법이 있을까. 생활비가 부족했던 박 씨(47세)는 찝찝한 마음이 들었지만 거액을 준다는 광고에 통화버튼을 눌렀다.

통화 속 남자는 친절한 목소리로 통장과 신분증 사본, OTP카드와 인터넷뱅킹 비밀번호를 적어 넘기면 사용가능 여부만 확인하고 다음 날 현금지급은 물론 사업자등록증까지 확인시켜 준다고 했다.

퀵서비스에 통장과 서류를 맡긴 그날 저녁 신용정보가 조회되었다는 문자를 받은 박 씨. 이상한 마음에 다음 날 아침 은행에서 확인해 보니 이미 수십 건의 수상한 자금이체내역이 찍혀 있었다. 무슨 일인지 어제 그 남자에게 전화했으나 받지도 않았다. 혼자서 전전긍긍하다가 3일째 되던 날, 경찰서에서 보이스피싱 계좌명의자로 조사하겠다는 연락을 받았을 때 박 씨는 땅을 치고 후회했지만, 이미 너무 늦은 일이었다.

지금 우리 사회는 금융계좌 없이는 정상적으로 살기 어렵습니다. 월급도 계좌로 받아야 하고, 매월 각종 요금도 계좌를 통해 빠져나갑니다. 결혼식 축의금도 계좌로 이체하는 경우도 많습니다. 신용불량 등 어려움에 처한 지인에게 스스럼없이 자신의 계좌를 빌려주기도 합니다. 그렇다고 계좌를 개설하는 데 특별한 비용이 들지도 않습니다. 신용상 문제가 없다면 얼마든지 은행에서 계좌를 개설할 수 있습니다.

위 사례에서 주인공은 3일만 빌려주고 300만 원을 준다는 사기꾼에게 속아 계좌를 빌려주었습니다. 친구에게도 공짜로 빌려주는데, 고작 3일 빌려주고 300만 원씩이나 받다니! 누구에게나 솔깃한 제안임에 틀림없습니다. 하지만 주인공은 어떻게 되었습니까? 그 대가는 받지도 못하고 자신의 개인정보만 몽땅 사기꾼에 넘겨주었고, 더 큰 문제는 보이스피싱 범죄에 계좌를 제공한 책임까지 지게 되었습니다. 통장의 가격은 300만 원? 아닙니다. 범죄경력(전과)이 남게 되는 인생을 오히려 대가로 지불한 거죠. 자, 이제부터 계좌대여가 왜 위험한 일인지, 그에 관한 사기는 어떻게 피할 수 있는지 하나씩 살펴보기로 하겠습니다.

> **GUIDE 1**
>
> 현행법상 계좌를 양도하거나 유상으로 대여하는 행위는 불법이다.

현행 「전자금융거래법」 제6조에서 자신의 계좌를 양도[54]하거나 유상으로 대여하는 행위는 명백한 불법입니다. 어떠한 이유도 필요 없습니다. 절세 목적으로 매매하건, 범죄에 사용하려고 했던 간에 매도나 유상대여 행위 자체가 불법인 것입니다. 대여기간의 문제가 아

---

54 양도는 매매, 증여, 교환이 포함됩니다.

닙니다. 3일간 사용하게 한 행위도 불법입니다. 실제 사건을 수사하다 보면 자신의 행위가 불법인줄도 모르는 사람들이 여전히 많아 정말 안타깝습니다.

GUIDE 2

내 계좌는 금융거래에서 내 분신과 같다.

자, 그렇다면 이런 의문이 들 수 있습니다. 유상만 아니면 될까? 친한 지인에게 공짜로 빌려주는 건 괜찮은 걸까? 사실 인간관계 속에서 어려움에 처한 사람의 도움을 뿌리치기란 여간 힘들지 않습니다. 그 사람이 가족이라면 더욱 그렇습니다.

하지만 내 계좌는 금융거래에서 내 분신과 같음을 명심해야 합니다. 개설된 계좌로 금전을 이체받을 수 있고, 보관할 수 있으며, 다시 어딘가로 이체해 줄 수 있습니다. 많은 사람들이 영수증을 따로 작성하지 않고, 이체내역만을 가지고 거래를 증명하기도 합니다. 잘못 입금된 금액이라 하더라도 일단 계좌명의자의 소유권이 인정되므로, 반환받기 위해서는 민사소송 등 복잡한 절차를 거쳐야만 가능합니다. 그만큼 계좌명의자가 가지는 법적 의미가 크다는 겁니다. 그래서 금전이 들어왔다가 곧바로 빠져나갔다고 해도 계좌의 명의자로서 책임을 피할 수 없습니다. 만약 범죄수익이라면 범죄에 가담했거나 자금세탁을 했다는 의심을 받을 수도 있습니다.[55] 형사책임뿐만 아니라, 범죄피해자로부터 민사책임까지 추궁당할 수도 있습니다. 이 모든 것이 가능한 이유는 내 계좌에서 거래가 이루어졌다는 사실이 내가 그

---

55 「범죄수익은닉의 규제 및 처벌 등에 관한 법률」 제3조.

거래에 참여한 것과 다를 바 없기 때문입니다.[56] 다시 강조하지만 금융거래에서 계좌는 내 자신이라고 보면 됩니다.

결국 타인에게 내 계좌를 빌려준다는 것은 눈을 감고 찍으라는 곳에 마구 찍는 도장과 같습니다. 자, 어떻습니까? 계좌의 진짜 가격은 어쩌면 자신의 인생일지도 모릅니다.

Legal Advice

보이스피싱 사범에 대한 수사는 대부분 명의를 빌려준 계좌주에 대하여 「전자금융거래법」 위반으로 수사하여 처벌하는 실정입니다. 이때 과연 계좌주들을 사기의 피해자로 보아야 할지, 대포통장을 만들어 준 점에서 보이스피싱의 공범으로 보아야 할지 문제됩니다. 그 판단기준을 알아보기로 합니다. 먼저 「전자금융거래법」 제6조는 다음과 같습니다.

제6조 ③ 누구든지 접근매체를 사용 및 관리함에 있어서 다른 법률에 특별한 규정이 없는 한 다음 각 호의 행위를 하여서는 아니 된다.
1. 접근매체를 양도하거나 양수하는 행위
2. 대가를 수수(授受)·요구 또는 약속하면서 접근매체를 대여받거나 대여하는 행위 또는 보관·전달·유통하는 행위
3. 범죄에 이용할 목적으로 또는 범죄에 이용될 것을 알면서 접근매체를 대여받거나 대여하는 행위 또는 보관·전달·유통하는 행위

---

56 「금융실명거래 및 비밀보장에 관한 법률」 제3조에 따라 누구든지 타인의 실명으로 거래해서는 안 되며, 이를 위반할 경우 같은 법 제6조에 따라 5년 이하의 징역 또는 5천만 원 이하의 벌금에 처하게 됩니다.

여기서 접근매체란 전자금융거래의 진실성을 보장하기 위한 통장, 현금카드, OTP카드 등을 말합니다.

먼저 일반적인 대법원의 입장을 살펴보면 다음과 같습니다.[57]

접근매체의 양도와 양수

여기서 제1호 접근매체의 양수는 양도인의 의사에 기하여 접근매체의 소유권 내지 처분권을 확정적으로 이전받는 것을 의미하며, 단지 대여받거나 일시적인 사용을 위한 위임을 받는 행위는 이에 포함되지 않습니다.

대출을 해 주겠다는 말에 속은 경우

주로 대출을 해 주겠다는 말에 속아 예금통장과 현금카드 및 비밀번호 등 접근매체를 교부한 경우가 문제됩니다. ① 접근매체의 교부가 대출을 받기 위한 수단에 불과한 경우에는 일시 사용을 위임한 데 지나지 않지만, ② 대출의 대가로 다른 사람이 그 접근매체를 이용하여 임의로 전자금융거래를 하는 것을 미필적으로라도 용인한 경우에는 접근매체의 양도에 해당합니다.

구체적으로 어떤 경우가 이에 해당하는지 살펴보겠습니다.

무죄가 되는 경우: 대출의 수단으로서 일시위임에 불과한 경우

청구인의 휴대전화로 대출 광고 문자메시지가 왔고, 청구인이 해당 번호로 전화를 걸어 성명불상의 여자 상담원과 통화를 하였다. 위 상담원은 청구인에게 통장과 현금카드를 보내 주면 전산처리를 하여 1,200만 원을 월 5.9%의 금리로

---

57 대법원 2012. 5. 24. 선고 2011도12789 판결.

대출해 주겠다고 하였고, 대출금은 청구인이 통장과 현금카드를 보낸 후 이틀 후에 받을 수 있다고 하였다. 그리고 대출 실행일 당일에 대출 금액이 찍힌 예금통장과 현금카드를 돌려주겠다고 한 사례.

헌법재판소는[58] 위 사례에서 대출 상담원 사이에 대출 한도, 대출 금액, 이율, 대출 기일 등 대출 약정의 조건에 대하여 어느 정도 이야기가 이루어졌고, 교부한 통장 및 현금카드 등을 돌려받을 날짜 및 방법 등이 정해져 있었던 점, 여자친구 어머니의 암 수술비로 대출이 필요하여 위와 같이 통장 등을 교부하였다고 진술하는 점, 청구인은 성명불상자에게 단 1개의 접근매체를 송부하였으며 이와 관련하여 어떠한 대가를 지급받았다는 사정이 보이지 않는 점 등에 비추어, 대출업자를 가장한 성명불상자의 거짓말에 속아 오로지 대출을 받을 목적으로 그에게 통장 등의 접근매체를 일시 사용하도록 위임한 것으로 볼 여지가 있다고 보았습니다.

유죄가 되는 경우: 대출의 대가

대법원은 아래 사례에서, 당시 성명불상자들의 인적사항이나 사무실 등을 전혀 확인하지 아니한 점, 통장 등을 돌려받을 구체적인 시기나 장소, 방법 등을 정하지도 않은 점 등을 근거로 통장 등을 양도한 경우에 해당한다고 보았습니다.[59]

---

58 헌법재판소 2014. 4. 24. 선고 2013헌마767 전원재판부.
59 대법원 2012. 7. 5. 선고 2011도16167 판결.

① 피고인은 생활정보지에 실린 광고를 보고 불상자들을 만나 그들의 요구에 따라 광명시 일대 금융기관에서 10개의 예금계좌를 개설한 후 그 통장 등을 넘겨주고 60만 원을 지급받은 점, ② 통장 등은 보이스피싱 범죄에 사용되었고 이로 인하여 피고인은 2회에 걸쳐 경찰조사를 받았고 ③ 경찰조사를 받던 중 또다시 불상자들을 만나 이 사건 통장 등을 개설하여 넘겨준 사례

16

사랑의 대가는 무엇일까? - 로맨스 스캠

무뚝뚝한 남편과 이혼한 후 혼자 지내고 있던 이 씨(52세)는 페이스북을 하던 중 어느 외국인 남성으로부터 친구신청을 받았다. 자신이 미군 장성이라고 소개한 남성은 페이스북 계정에 중동에서 군복을 입고 찍은 사진을 다수 올려 놓았고, 현재 시리아에서 파병하여 작전 중이라고 하였다. 영어가 서툴렀던 이 씨는 인터넷 자동번역을 이용해 가면서 대화를 나눴고, 어느새 서로 일상까지 공유하는 연인이 되었다. 그러던 어느 날 남성은 "이제 나도 은퇴하여 당신과 함께 한국에서 살고 싶다. 조기 은퇴자금이 20억 정도 되는데, 이걸 받으려면 수수료가 필요하다"면서 금전을 빌려줄 것을 요구했다. 제2의 인생을 꿈꾸던 이 씨는 노후자금으로 모아 둔 5천만 원을 3차례에 걸쳐 송금해 주었는데, 그걸 안 동생이 화를 내며 이 씨를 말렸다. 언니 사기당한 거라고, 당장 경찰서에 가서 신고해야 한다고 동생은 노발대발했지만, 이 씨는 매일 아침 저녁으로 따뜻한 연락을 하는 그를 도저히 의심할 수 없었다. "I'm sorry I love you...." 이 씨는 아직도 그 남자가 한국으로 오는 그날만을 기다리고 있다.

사랑에 빠져 있는 사람처럼 아름다운 모습은 없지만, 사례의 주인 공은 안타깝기만 합니다. 단지 사랑했을 뿐인데, 현실은 치러야 할 대가가 너무 크기 때문입니다. 진실을 알게 되었을 때, 진짜 상처로 다가오는 것은 어쩌면 넘겨준 5천만 원이 아닐지도 모르겠습니다. 돈 을 넘겨준 것은 그 사람을 사랑했기 때문이지 다른 욕심이 있어서가 아니었습니다. 로맨스 스캠(romance scam)이라고 부르는 이 유형에 대해 서 각별히 주의를 기울여야 하는 이유는 가장 인간적인 감정과 믿음 을 파괴하는 범죄이기에 그렇습니다.

혹자는 이런 뻔한 거짓말에 누가 넘어가겠느냐고 하지만 놀랍게 도 독신자나 중장년에게 종종 발생하는 사기유형이기도 합니다. 어느 새 훌쩍 커 버린 아이들, 서로에게 소홀해지기 쉬운 부부관계로 외롭 기만 합니다. 실적과 성과로 평가받는 회사에서도 다르지 않습니다. 따뜻한 관심이 필요한 시기에 누군가의 애틋한 메시지 한 줄은 아무 리 뻔한 이야기라고 해도 다르게 느껴질 것입니다. 특히 외국어로 외 국인과의 내밀한 감정을 나누는 경험은 특별할 것임에 틀림없습니다. 로맨스 스캠은 이 같은 인간의 본성을 노립니다.

GUIDE 1

알지 못하는 사람 특히 외국인이 SNS로 친구신청하는 것은 특히 조심하라.

사기꾼은 무작위로 페이스북이나 인스타그램과 같은 SNS를 통해 친구신청을 합니다. 대부분은 무시하지만, 종종 관심을 보이는 사람 이 있다면 자신은 중동이나 유럽에서 근무하는 미군(또는 미군무원이나 미국 계 회사 직원이라고 하는 경우도 있습니다)이라고 소개하면서 친구하자고 합니다. 남자에게는 여성으로, 여자에게는 남성으로 가장합니다. 그 사람의

SNS 계정으로 들어가 보면 일상적이면서 매력적인 모습들로만 가득 차 있는 것을 볼 수 있습니다. 물론 모두 같은 사람의 이미지로만 이루어져 있지요.

그러므로 모르는 사람이 SNS로 친구신청하는 것은 일단 경계해야 합니다. 특히 외국인이라면 대부분 로맨스 스캠이라고 보시면 됩니다. 그 사람의 개인계정에 올려 놓은 사진이나 자격증도 믿으면 안됩니다. 누군가의 개인정보를 함부로 도용했을 가능성이 높습니다. 통상 로맨스 스캠은 나이지리아, 라이베리아 등 어느 정도 영어가 가능한 아프리카 국가의 범인들이 많이 시도한다고 알려져 있습니다. 하지만 내국인에 의해서 얼마든지 가능한 범죄이기도 하므로 항상 주의해야 합니다.

GUIDE 2

SNS 친구가 돈을 요구할 때는 사기일 가능성이 높다.

로맨스 스캠은 결국 돈이 목적이기에 충분히 친밀감이 형성되었다 싶으면 상대에게 금전요구를 합니다. 그 기간은 통상 짧게는 2~3개월이고 길게는 1년이 넘는 경우도 있습니다. 피해자를 안심시키기 위해 가벼운 선물을 주고받는 경우도 있습니다. 그만큼 공을 들이고 피해자와 일상을 공유할 정도로 친해지기 때문에 주인공처럼 피해를 입고도 사기당한 걸 눈치채지 못하기도 합니다. 구체적인 수법은 매우 다양한데, 선물이 세관에 걸려서 돈을 지불해야 한다거나 거액의 은퇴자금을 수령하기 위해서 수수료를 내야 한다는 식 또는 자신이 회사에서 작은 실수를 했는데 배상을 해 주면 은퇴자금을 받고 은퇴할 수 있다는 식입니다. 만약 돈을 보내 주고 나면? 안타깝게도 첫

목적을 달성했다고 해서 사기꾼의 범행은 그치지 않습니다. 처음부터 사랑이 목적이 아니었으므로, 마수를 드러낸 순간부터는 더욱 집요하게 더 많은 돈을 요구합니다.

사랑의 대가는 결코 돈이 될 수 없습니다. 이 점을 항상 명심하는 것이 로맨스 스캠을 방지하는 길입니다.

Legal Advice

피해확산의 방지

현재 로맨스 스캠 피해에 대한 국내 신고는 경찰서에 신고하는 방법밖에 없습니다. 특히 외국에 거주하는 사기꾼의 경우 추적과 검거가 어려워 사실상 피해구제가 어렵습니다. 더 이상 다른 사람이 피해를 당하지 않게 하는 것이 중요한 이유입니다. https://anyscam.com/에 접속하여 신고할 수 있습니다. 마우스 우측을 누르면 한국어로 번역하여 이용할 수 있습니다.

이 사이트에서는 사기꾼들이 이용하는 훔친 사진들과 사기피해 관련 여러 정보를 직접 확인할 수 있습니다.

신고절차는 간단합니다. 왼쪽 새 사기꾼 신고를 통해 살펴보면 여

러 가지 방법으로 신고할 수 있는 수단을 제공하고 있습니다. 신고하려는 내용을 입력하고, 내용 입력후 맨 밑 제출을 누르면 신고가 완료됩니다.

노년기

만 60세 이후부터 사망할 때까지를 말한다. 신체능력과 지각능력이
쇠퇴하며 의존성이 증가한다. 사회적 활동이 서서히 감소하고
판단능력이 떨어지기 때문에 건강식품 사기 등 여러 사기범죄에
쉽게 노출된다. 특히 사기꾼들은 고액의 퇴직금이나 부동산을
노리고 외로움을 느끼고 사회적으로 단절된 노인들에게 접근하여
현혹하고 사기를 치는 경우가 발생한다. 또 자녀가 납치되었다는
보이스피싱의 피해를 입는 경우도 많이 발생한다.

17

액운 담긴 골프공 – 사이비종교 사기

공기업 임원이었던 임 씨(70세)는 10년 전 퇴직한 후 되는 일이 하나도 없었다. 1년 전부터는 사랑하는 아내에게 조현병까지 생겼다. 하늘이 정말 무너지는 것 같았다. 딸도 5년째 취업준비 중이지만, 어디 하나 연락 오는 곳이 없었다. 퇴직금은 생활비와 아내 치료비로 다 써 버려 이제 남은 돈도 거의 없었다.
"아주 용한 선생님이 계시는데, 한번 기도해 달라고 해 봐요." 지인의 소개로 만난 박○○은 아내에게 귀신이 씌인거라며 자신이 기도와 기치료로 치료할 수 있고, 계시를 받았으니 아내를 맡기면 곧 낫게 해 주겠다고 했다. 또한 골프공에 딸의 이름과 생년월일을 적어 멀리 쳐내는 굿을 하면 액운도 함께 날아갈 거니 취업이 될 거라고도 했다. 반신반의했지만 결과를 자신하는 박○○에게 임 씨는 점점 의지하게 되었다. 기치료와 골프공 처방이 이어지는 3개월 동안 임 씨는 은행에서 1억 원을 대출받아 박○○에게 대가로 지불하였다.
그런데 어느 날 박○○에게 맡긴 아내가 홀로 숙소를 나와 도로를 걷다가 교통사고로 사망하는 일이 발생했다. 황당한 일을 당해 크게 상심한 임 씨. 며칠간 고민하다 기치료도, 액운을 담은 골프공도 모두 사기였다는 걸 깨닫고, 결국 박○○을 사기죄로 고소해야겠다고 마음먹었다.

사람은 고난에 부딪칠 때 종교나 절대자를 찾곤 합니다. 종교적인 의식을 통해 현재의 불행을 딛고 일어날 수 있는 힘을 얻기도 하고, 객관적으로 현재의 문제를 조망할 수 있는 지혜를 얻기도 합니다. 종교적인 행위를 통해 얻는 긍정적인 면이 크기 때문에 그에 의지하려는 인간의 심리를 탓할 이유는 없습니다.

다만 이러한 심리를 이용하는 사기꾼 때문에 우리는 항상 조심하여야 합니다. 종교 사기에서 피해자는 스스로 문제를 해결하기 힘든 어려운 상황일 때가 많습니다. 그래서 육체적·심리적으로 사기꾼에게 의지하기 쉬워 다른 사기유형보다 피해금액이 큰 편이고, 폭행이나 감금, 성폭력이라는 또 다른 범죄로 이어지기도 합니다.

그러나 우리나라 사법현실은 종교적 믿음이나 무속신앙으로 인한 사기를 유죄로 인정하는 경우가 드문 편입니다. 또한 같은 돈을 기부하고도 누군가는 사기를 당했다고 생각하고, 누군가는 위안과 용기를 받을 수 있으므로 사기 여부를 일률적으로 판단하기도 어렵습니다. 종교 사기를 예방하기 위해서는 무엇보다 평소에 가지는 마음가짐부터 점검해야 하는 이유입니다.

GUIDE 1

모든 문제는 결국 현실 속에서 해결할 수밖에 없다.

잘못된 믿음에 빠지기 쉬운 사람의 특징 중 하나는 현실을 쉽게 인정하지 않으려는 태도를 들 수 있습니다. 하지만 우리가 살고 있는 세계는 현실 속에 존재하며, 이를 떠나서는 아무것도 이룰 수가 없습니다. 살더라도 현실에서 살고, 죽더라도 현실 속에서 대안을 찾아야 합니다. 내 아내의 조현병, 내 딸의 취업문제를 병원이나 취업박람회와 같은 현실이 아닌, 무속인이 해결해 줄 수 있다고 믿는 태도, 그 마음이 어쩌면 문제의 시작이라고 볼 수 있습니다.

하늘은 스스로 돕는 자를 돕는다고 했습니다. 하늘이 나서서 문제를 해결해 주는 게 아니라, 문제에 직면하여 해결하려는 그 사람을 돕는 것입니다. 힘들겠지만 어려울수록 현실 속에서 답을 찾기 위해 노력하십시오. 돈을 쓰더라도 그럴 때 써야 합니다.

GUIDE 2

종교가 내 현실을 넘는 요구를 한다면 다시 생각해 보라.

종교 생활도 지나치지 않으면 나쁘지 않습니다. 다만 현실에 뿌리가 있기에 종교도 가능하다는 점은 알아야 합니다. 생활비, 병원비로 퇴직금도 모두 써 버린 사람에게 만 원짜리 한 장도 부담일 수 있습니다. 그런데 1억 원의 은행대출까지 받아야 하는 것은 현실의 처지와 그로 인해 초래할 결과를 외면하라는 것과 같습니다. 그런 요구를 하는 믿음이 있다면 무속신앙이 아니라 일반적인 종교라고 할지라도 다시 생각해 보아야 합니다. 여러 번 강조하지만 모든 문제는 결코 현실을 떠나서는 해결될 수 없기 때문입니다.

Legal Advice

민사소송

종교, 굿 등의 무속행위, 신앙활동과 관련하여 각종 회사, 단체, 개인이 돈을 지불하고 나중에 돈을 돌려받을 수 있을까요. 물론 사안마다 다릅니다. 가령 굿값은 어떨까요? 반환을 인정하려면 굿을 아예 하지 않아서 굿 계약을 해제하거나, 속았다는 이유로 취소가 인정되어야 합니다. 법원은 그 반환에 인색합니다. 그 이유와 관련하여 서울동부지법 2008. 5. 22. 선고 2007가합7018 판결을 소개합니다. 다른 판결들도 대체로 아래의 내용과 대동소이합니다.

"굿을 하는 등의 무속은 그 근본 원리나 성격 등이 과학적으로 충분히 설명되지 않고 있지만 고대로부터 우리나라 일반 대중 사이에 오랫동안 폭넓게 행하여져 온 민간 토속신앙의 일종이다. 그 의미나 대상이 객관적으로 인식 가능한 논리의 범주 내에 있다기보다는 영혼이나 귀신 등 정신적이고 신비적인 세계를 전제로 하여 성립된 것이다. 따라서 이러한 무속의 실행에 있어서는 반드시 어떤 목적한 결과의 달성을 요구하기보다는 그 과정에 직간접적으로 참여하게 됨으로써 얻게 되는 마음의 위안 또는 평정을 목적으로 하는 것이 대부분이고, 예외적으로 어떤 목적의 달성을 조건으로 하는 경우에 있어서도 그 시행자(무당 등)가 객관적으로 그러한 목적 달성을 위하여 무속업계에서 일반적으로 행하여지는 무속행위를 하고 또한 주관적으로 그러한 목적 달성을 위한 의사로 이를 한 이상, 비록 그 원하는 목적이 달성되지 않은 경우라 하더라도 이를 가지고 시행자인 무당이 굿 등의 요청자를 기망하였다고 볼 수는 없다."

형사구제

그럼에도 사안에 따라서는 무속인을 사기죄로 처벌하고 있는 사례도 있습니다.[60] 어떤 경우 사기죄에 해당할까요. 현실적으로 굿이 효험이 없다는 이유로 경찰서에 고소하게 되면 무혐의 내지 불기소

---

60 형사상 사기죄가 인정되는 경우 민사로도 굿값을 받을 여지가 있습니다.

되는 경우가 비일비재합니다. 대체로 담당 수사관도 위와 비슷한 생각을 하기 때문입니다. 그러나 고소인은 자신은 아직도 속았다고 생각합니다. 과연 사기죄를 인정하는 기준은 무엇일까요. 어려운 문제입니다.

이 사례에서 대법원은 무속인의 무속활동과 관련된 사기죄 판단 기준을 구체적으로 설시한 것으로 유명합니다. 먼저 피고인이 피해자에게 불행을 고지하거나 길흉화복에 관한 어떠한 결과를 약속하고 기도비 등의 명목으로 대가를 교부받은 경우에 전통적인 관습 또는 종교 행위로서 허용될 수 있는 한계를 벗어났다면 사기죄에 해당한다고 보고 있습니다.[61]

이 사건에서 2심은 무죄를 선고하였으나, 대법원은 사기죄 유죄를 인정하였습니다. 즉 ① 피고인의 자격 및 경력, ② 돈을 지급받은 구체적인 경위, ③ 피해자에게 예고한 불행이나 약속한 내용, ④ 피해자를 위하여 실제로 한 행위의 특이성, ⑤ 장기간 지급받은 돈의 총액수와 실제 용도, ⑥ 치료 불가능한 처의 병 등으로 인해 피해자의 불안한 심리상태 ⑦ 대출을 받아야만 했던 피해자의 재산상태 등에 비추어 전통적인 관습 또는 종교 행위로서 허용될 수 있는 한계를 벗어난 것으로 본 것입니다.

---

61 대법원 2008. 2. 14. 선고 2007도10917 판결 등 참조.

18

땅은 배신하지 않는다 - 기획부동산 사기

> 중견기업 영업부장으로 퇴직한 이 씨(65세)는 아내 몰래 작년 여름에 사 둔 연천 토지 때문에 요즘 죽을 맛이다. 남북 화해무드로 달아오른 그때, 휴대전화로 걸려 온 토지투자권유 전화에 속아 10년간 부었던 적립식 펀드를 해지한 돈이 날아갈 판이었다. "땅은 절대 배신하지 않아요. 사장님~" 이제 곧 남북경협이 시작되면 제2의 개성공단이 연천에 생긴다고, 통일부 내부 정보에 따르면 남북 협력기금으로 투자금의 3배쯤 보상해 줄 거라고 했다. 법무사가 등기해 준다는 말에 펀드 해약금 1억 원을 입금했는데, 나중에 확인하니 시세가 1,000만 원도 되지 않는 맹지임야일 뿐만 아니라, 지분등기에 불과해서 개발도 불가능하다는 걸 알게 되었다.

장밋빛 청사진만 보고, 1,000만 원도 하지 않는 토지를 1억 원을 주고 매입한 주인공. 그때로 다시 돌아가서 또 투자를 할거냐고 묻는다면 아마도 손사래를 칠 것입니다.

인간은 몇만 원짜리 물건을 구입할 때는 꼼꼼하게 사용후기까지 읽어 가며 합리적 판단을 하는 존재이지만, 몇천만 원짜리, 몇억짜리에 투자하는 건에서는 오히려 비이성적인 결정을 내리곤 합니다. 그것은 판단이 어렵거나 재정부담이 큰 결정일수록 자신의 판단보다는 권위 있는 전문가 또는 정보에 의존하는 경향이 커지기 때문에 그렇습니다. 의심 몇 가지가 사실로 확인되면 콘빈서가 되어 스스로 무너집니다. 보고 싶은 것만 보고, 믿고 싶은 것만 믿는다. 즉 확증편향(確證偏向, confirmation bias) 기제가 스스로 작동하는 것입니다.

사례에서 주인공의 상황도 그렇습니다. 남북 화해무드로 접경지역 토지 가치가 상승할 것이라는 생각을 평소 갖고 있는 상태에서 적은 투자금으로 최소한 3배를 벌 수 있다는 범인들의 유혹이 엔티서가 되었습니다.

여러분이 주인공이라면 기획부동산 사기에 당하지 않으려면 알아야 할 상식이 무엇인지 알려드리겠습니다.

GUIDE 1

공단 개발 등 대규모 토지 개발은 결코 쉽지 않다.

일단 대규모 토지 개발은 결코 쉽지 않습니다. 각종 인허가, 토지수용 등의 문제가 산적되어 있기 때문입니다. 그렇기 때문에 무작위로 전화를 걸어 투자를 권유할 일은 사실상 없다고 보시면 됩니다. 이런 상식만 알고 있더라도 이런 전화는 가볍게 끊었을 것입니다.

토지 투자의 핵심은 개발 가능한 토지를 사는 것이다.

　　땅은 배신하지 않는다는 텔레마케터의 말이 솔깃하다고 하더라도 사기꾼의 마수에서 빠져나갈 수 있는 기회는 여전히 남아 있습니다. 그 비결은 개발 가능한 토지인지 철저하게 확인하는 것입니다. 다음 세 가지를 알아보면 사례의 전화가 장밋빛 전망처럼 이루어지기 어렵다는 것을, 즉 기획부동산의 사기임을 충분히 알 수 있을 것입니다.

　　① 정확한 지번을 물어, 등기부등본 등 공부를 확인하고, 구체적으로 어떻게 사업을 진행할 것인지 업체로부터 구체적인 계획서를 받으세요. 구두약속이나 말로만 하는 계획은 절대 안 됩니다. ② 현장에 가서 직접 확인해 보고, 관할 지자체 인허가 등 관련 부서에 해당 계획서가 타당한 것인지 반드시 서류 검토를 받으십시오. 구두질의보다는 정보공개청구[62]나 국민신문고[63] 등을 통해 문서로 공무원의 판단을 구하는 게 필요합니다. ③ 사업을 진행하려는 업체를 직접 방문하여, 사업자 번호, 소재지, 대표 인적사항을 확인하고, 해당 업체가 그전에 성공적으로 진행했던 사업이력을 모두 제공받습니다. 물론 관련되는 지자체나 공공기관에 정보공개청구나 국민신문고의 방법으로 사실 여부를 모두 확인해야 합니다.

　　만약 세 가지 중 단 하나라도 의심이 들거나, 정보제공을 거부하거나, 확인이 안되는 부분이 있다면 그건 사기라고 보면 됩니다. 만약 신설업체거나 대표가 최근에 바뀐 업체라고 한다면? 간단합니다.

---

[62] https://www.open.go.kr.
[63] https://www.epeople.go.kr.

그건 사기일 확률이 99.9999%입니다.

　너무 번거롭고 힘들다구요? 수천만 원, 수억 원을 투자하는데 그 정도는 당연히 해야 하는 것이 아닌가요? 텔레마케터가 "희망자가 너무 많아 곧 마감된다"고 독촉할지도 모릅니다. 그러면 차라리 잘된 겁니다. 스스로 사기라고 밝히고 있는 거니까요.

　땅은 배신하지 않습니다. 사람이 속이는 것일 뿐이죠.

Legal Advice

　정신을 차린 이 씨는 속았다는 사실을 알게 됩니다. 무엇보다 계약을 물리고, 돈을 찾고 싶습니다. 그리고 이런 사기꾼이 세상에 돌아다니도록 가만히 두어서는 안 되겠다고 결심을 합니다. 어떻게 대응하여야 할까요?

민사소송

　좋게 말할 때 응하지 않는다면, 민사소송을 진행해야 합니다. 소송을 하면 이길 수 있을까요? 그것도 쉽지는 않습니다. 소송은 증거가 있어야 하는데, 전문 기획부동산 사기꾼들은 미리 소송을 대비하기 때문입니다. 민사소송에서 이기려면, 계약을 물려야 합니다. 이를 위해 「민법」에서는 사기에 의한 의사표시는 취소할 수 있도록 하고 있습니다.

> **민법 【110조】** ① 사기나 강박에 의한 의사표시는 취소할 수 있다. ② 상대방 있는 의사표시에 관하여 제삼자가 사기나 강박을 행한 경우에는 상대방이 그 사실을 알았거나 알 수 있었을 경우에 한하여 그 의사표시를 취소할 수 있다.

　그런데 교활한 사기꾼들은 투자자에게 거짓 개발정보로 유혹하였으면서도 실제로 투자계약서에는 교묘하게 그런 내용을 빼버립니다. 그렇게 되면 피해자는 거짓 개발정보에 속아 땅을 샀다는 사실을 입증하기 어렵게 됩니다.

또 기획부동산 업자가 토지 매도인을 중개만 했다면 더 어려워집니다. 「민법」 제110조 제1항이 아니라 제2항이 적용되기 때문입니다. 즉 '매도인이 사기계약임을 알았거나 알 수 있었을 경우'에만 취소할 수 있습니다. 토지의 매도인이 중개자에 불과한 기획부동산 업자의 사기행각을 알았거나 알 수 있었다는 사실을 증명하는 것은 여간 어려운 일이 아닙니다.

사기죄

주의할 점은 설령 기획부동산 업자가 처벌을 받더라도 국가가 나서서 돈을 대신 돌려받아 주거나 하지는 않는다는 것입니다. 피해변상은 민사문제이기 때문입니다.

다만, 피해자에게 용서를 받지 못하면 처벌을 크게 받기 때문에 가급적 피해를 변상하고자 노력하게 되고, 그 과정에서 피해변제를 받게 될 가능성이 있습니다.

「형법」에서는 사기죄를 이렇게 규정하고 있습니다.

> **제347조 【사기】** ① 사람을 기망하여 재물의 교부를 받거나 재산상의 이익을 취득한 자는 10년 이하의 징역 또는 2천만 원 이하의 벌금에 처한다. <개정 1995. 12. 29.>
> ② 전항의 방법으로 제삼자로 하여금 재물의 교부를 받게 하거나 재산상의 이익을 취득하게 한 때에도 전항의 형과 같다.

일반거래의 경험칙상 상대방이 그 사실을 알았더라면 당해 법률

행위를 하지 않았을 것이 명백한 경우에는 신의칙에 비추어 그 사실을 고지할 법률상 의무가 인정됩니다. 그리고 법률상 고지의무가 있는 자가 일정한 사실에 관하여 상대방이 착오에 빠져 있음을 알면서도 이를 고지하지 않는다면 이는 「형법」상 처벌받는 사기죄에 해당합니다.[64]

이 씨는 남북경협이 시작되면 제2의 개성공단이 생기며, 남북협력기금으로 투자금의 3배쯤 보상해 주지 않는다면 그 땅을 살 이유가 전혀 없다는 점에서 기획부동산 사기꾼의 행위는 「형법」 제347조에 따라 처벌받는 사기죄에 해당합니다. 다만 민사와 다른 점은 기획부동산 업자가 중개업자에 불과하더라도 「형법」 제347조 제2항에 따라 일반 사기죄(제1항)에 의하여 중개업자를 처벌할 수 있습니다. 이때 계약서 등을 제대로 작성하지 않았다면, 사기당한 사실을 직접 증명하기 어렵습니다. 따라서 간접적으로 입증해야 합니다. 피해자의 수, 피해금액, 거래의 정황, 피해자의 교육정도와 관련 지식 등을 감안하여 수사를 진행하여야 합니다. 한정된 시간에 수사를 마쳐야 하는 현실 수사실무에서 쉽지 않은 일입니다. 따라서 반복되는 말이지만 사기는 방지가 최선입니다. 전문지식 없이 기획부동산 설명회에 함부로 참여하여 현혹당하기 십상입니다. 투자를 권유하는 사람의 인적사항을 확인하여 메모하고, 말한 내용이 계약서에 없다면 여백에 중요사항을 기재하여야 합니다.

---

64 대법원 1998. 12. 8. 선고 98도3263 판결.

19

건강은 꼼꼼하게 챙기세요 - 건강식품 사기

정 씨(81세)는 20년째 당뇨병을 고쳐 보려고 수없이 애를 썼다. 당뇨에 좋다는 식품을 비싸게 구입했다가 그냥 버린 적도 있었다. 그렇지만 속는 줄 알면서도 새로운 상품이 나올 때마다 혹시나 하고 귀를 기울이곤 했다.

그러던 어느 날 단체로 노인당에서 건강기능식품 홍보관에 놀러 갔다가 오늘까지만 반값이라는 오메가3 제품을 덜컥 구매하고 말았다. 가격은 일시불에 80만 원, 6개월 할부면 88만 원. 조금 비쌌지만 당뇨를 포함한 성인병에 특효라서 일주일만 먹으면 혈당수치가 절반으로 떨어진다기에 주소와 계좌를 적고 나왔다.

그런데 며칠 지나지 않아 돈보다 더 큰 문제가 생겼다. 복용한 지 3일 차, 150쯤 되던 공복 혈당이 300까지 치솟는 게 아닌가...! 딸은 또 사기당했다며 당장 환불받겠다고 난리다. 박스에는 ○○약품으로 되어 있지만, 전화번호는 전혀 엉뚱한 곳이었다. 병도 문제지만 알면서 또 당한 자신의 신세에 정 씨는 한숨을 쉬었다.

인간은 누구나 건강한 삶을 꿈꿉니다. 규칙적인 운동과 균형잡힌 식사는 물론이고 영양제나 건강기능식품[65] 하나쯤은 섭취해야 건강할 수 있다고 믿는 사람들이 많습니다. TV홈쇼핑 통계[66]에 따르면 건강식품 판매비율은 전체 판매액의 10.5%인 5위에 당당히 랭크되었는데, 이건 가전/디지털기기(8.8%, 6위)나 스포츠레저(4.2%, 9위)보다도 더 높은 순위입니다.

사기는 이러한 사람들의 마음속으로 교묘히 파고듭니다. 건강한 사람에게는 평생 아프지 않을 것처럼, 건강하지 못한 사람에게는 어떤 병도 당장 고칠 수 있을 것처럼 속여, 시세보다 턱없이 고가이거나 품질이 형편없는 제품을 팔아 금전을 편취합니다. 사례의 주인공도 오랫동안 앓아 온 당뇨 때문에 병에 좋다는 제품을 고가로 구입하였지만 오히려 혈당이 치솟는 부작용만 얻고 말았습니다. 이번 장에서 다루어 볼 건강기능식품 사기는 그 피해가 재산상 손실에 그치는 게 아니라, 건강을 해칠 수 있는 피해로 이어질 수 있기에 특히 주의를 기울여야 합니다.

GUIDE 1

특정 질환에 특효가 있다는 건강기능식품은 불법이다.

현행법상 건강기능식품과 의약품 모두 식품의약품안전처의 승인을 받아야만 제조·판매가 가능합니다. 그런데 의약품과 달리 건강기

---

65 「건강기능식품에 관한 법률」 제3조에서 "건강기능식품"이란 인체에 유용한 기능성을 가진 원료나 성분을 사용하여 제조(가공을 포함한다. 이하 같다)한 식품을 말합니다.

66 한국TV홈쇼핑협회(www.kota.re.kr) 2018년 통계자료에서 발췌.

능식품은 특정 질환에 효능이 있다고 광고할 수 없습니다. 사례처럼 당뇨를 포함한 성인병에 특효라고 광고한다면 명백한 불법입니다. 당연히 제품 포장에도 그와 같은 내용이 기재되어서는 안 됩니다. 만약 제품의 겉면에 버젓하게 질병에 대한 효능을 광고하고 있다면? 정식 제조나 판매승인[67]을 받지 못한 과대광고 제품일 가능성이 높습니다. 따라서 구입해서는 안 됩니다. 건강기능식품은 약이 아니라 말 그대로 식품입니다. 병을 치료하는 의약품과는 구분해야 합니다.

GUIDE 2

오늘까지만, 이번까지만 할인해 준다는 말은 믿지 마라.

급하게 구입을 결정하게 되는 가장 큰 이유는 마치 이번이 마지막 기회인 것처럼 구매자를 설득하는 상술 때문입니다. 일단 구매하더라도, 마음에 들지 않으면 바로 취소하면 된다고 안내를 할지도 모릅니다. 하지만 취소절차는 구매절차보다 훨씬 더 번거롭고 복잡합니다. 일단 구매했지만 취소하기 힘들어서 울며 겨자먹기 식으로 돈을 지불하게 되는 경우도 많습니다.

하지만 조금만 상식적으로 생각해 보면 사기거나 상술에 불과하다는 것을 알 수 있습니다. 잘 팔리는 상품이라면 처음부터 할인을 안 했을 것입니다. 반대로 할인을 해야만 팔리는 제품이라면? 그렇다면 당연히 구매 전에 더욱 신중해야 할 것입니다. 만약 문제없는 제품인데 판촉을 위해 할인을 하는 거라면? 그게 왜 하필 오늘까지일까

---

67 건강기능식품은 제조자·판매자 영업허가는 물론 「건강기능식품에 관한 법률」 제7조(품목 제조신고 등)에 따라 품목별로 제조신고를 해야 합니다.

요? 상식적으로 쉽게 납득이 가지 않습니다. 결론은 아무리 좋아 보이는 제품이라고 하더라도, 반드시 급하게 구입할 필요는 없습니다. 더군다나 내 건강을 책임지는 건강기능식품인데 아무거나 먹어서야 되겠습니까? 확인하고 또 확인해도 절대 과하지 않습니다. 자신이 과대광고에 잘 속는 편이라고 한다면, 제품을 알게 된 첫날은 절대 구매하지 않겠다는 원칙을 세우십시오. 이 정도 원칙만 지키더라도 많은 사기를 예방할 수 있습니다.

GUIDE 3

제조·판매사, 시중가격에 대해서 좀 더 알아보라.

마음에 쏙 드는 건강기능식품을 찾았는데 아직 구매하지 않았을 때, 우리는 먼저 무엇을 해야 할까요?

가장 먼저 제조·판매사를 확인합니다. 식품의약품안전처에서 운영하는 식품안전나라(https://foodsafetykorea.go.kr/) 홈페이지를 방문하면 전문정보 메뉴에서 정식등록되어 있는 업체와 제품을 검색할 수 있습니다.

식품안전나라 접속 화면(좌: 홈페이지, 우: 휴대전화 앱)

목록에서 구매하려는 건강기능식품을 검색해 보고 검색이 된다면 제품에 인쇄된 연락처가 실제 등록된 업체의 연락처인지 확인해 봅니다. 판매사가 별도로 있다면 판매사도 검색해야 합니다. 사례의 경우처럼 정식업체의 상호를 도용하는 경우가 있기 때문입니다.

정상적으로 등록된 업체의 제품이라면 그 다음엔 시중에서 판매되는 가격을 검색해 보십시오. 인터넷 쇼핑몰에서 검색해 보면 대략 어느 정도에 거래되는지 가격을 알 수 있습니다. 여기까지만 확인해도 가격이나 품질이 터무니없는 제품으로 사기당하는 일은 없습니다. 주인공과 같은 어르신은 인터넷을 통해 직접 정보를 검색하긴 어려울 것입니다. 자녀나 지인에게 꼭 물어보고 확인해 달라고 하십시오. 여러 번 강조하지만 사기피해를 입고 구제받는 것보다는 사전에 꼼꼼하게 확인해서 예방하는 것이 훨씬 더 낫습니다.

좋은 영양소를 섭취하는 가장 좋은 방법은 평소 식습관을 통해서 얻는 것입니다. 하지만 건강기능식품을 먹어야 한다면 반드시 꼼꼼하게 알아보고, 정식으로 등록된 업체의 등록된 제품으로 선택하십시오. 그것이 내 돈과 건강을 모두 지키는 길입니다.

Legal Advice

민형사절차보다 소비자원에 의한 보호가 훨씬 간단하고 신속한 경우가 많습니다.

한국소비자원

식품과 관련하여 피해를 입은 소비자는 한국소비자원을 통해 피해구제를 받을 수 있습니다. 소비자 피해는 소비자상담센터에서의 상담 및 한국소비자원에서의 합의권고, 분쟁조정 등의 절차를 거쳐 처리됩니다.

Q A

Q. 얼마 전 방문판매원으로부터 변비에 효과가 있다고 하여 건강기능식품을 20만 원에 구입했습니다. 그 후 약 15일 정도 복용했는데 좋아지지는 않고 오히려 심해지고 위가 쓰리는 등 부작용이 있습니다. 어떻게 하면 될까요?

A. 부작용 및 이에 따른 치료 등에 대한 의사의 진단과 확인을 거쳐 구입 가 환급과 치료비 및 경비 지급을 요구할 수 있습니다. 건강기능식품은 말 그대로 식품의 한 유형입니다. 따라서 건강기능식품은 질병을 치료 하기 위한 목적으로 섭취하는 것은 잘못된 생각입니다. 「식품위생법」 에서도 식품에 대하여 질병의 치료에 효능이 있다는 내용 또는 의약품 으로 혼용할 우려가 있는 내용의 표시나 광고를 하지 못하도록 규정하 고 있습니다. 건강기능식품의 안전한 섭취를 방해하는 큰 요인 중에 의 약품으로 오인케 하는 광고내용이라고 할 수 있는데 대체로 과학적인 근거를 제시하기보다는 한방문헌이나 전래되는 민간요법을 부분적으로 해석 활용하여 의약품과 같은 효능, 효과를 광고, 선전하는 경우가 많 습니다. 건강기능식품은 개인의 영양적 필요를 고려하여 올바른 식생 활로 전환하기 위한 보조수단으로 선택되어야 합니다. 본 사건의 경우 방문판매원이 광고전단 등을 이용하여 과대광고를 하였다면 이에 대한 근거제시와 부작용에 대한 의사의 확인과정을 거쳐 사업자에게 구입가 격의 환급을 요청할 수 있을 것입니다. 부작용 증상이 심하여 병원치료 를 받아야 하는 경우에는 이에 대한 병원진단서를 발부받아 치료비 및 경비 등을 함께 요구할 수 있습니다.[68]

민사소송

합의나 분쟁조정 등의 방법으로도 피해를 구제받지 못한 소비자 는 최종적으로 소송을 제기함으로서 분쟁을 해결할 수 있습니다. 부

---

68 한국소비자원 품목별 피해구제사례.

정·불량식품 등으로 피해를 입은 자는 상대방에 대해 불법행위에 따른 손해배상청구와 같은 민사소송을 제기할 수 있습니다.

사기죄

건강기능식품을 고혈압, 당뇨, 관절염을 치료하는 '약'으로 속여 과장광고하는 경우가 있습니다. 그런데 건강기능식품은 영양성분을 보충하거나 인체 기능개선에 도움을 주는 식품으로, 의약품처럼 질병 치료 및 예방에 효능, 효과가 있다는 내용은 모두 거짓·과장 광고입니다. 따라서 실제로도 질병 치료 및 예방에 효과가 있다고 검증되지 않았음에도 마치 실제 그러한 효능이 있는 것처럼 이를 속여 판매하는 경우 사기죄에 해당합니다.

사안에서 정 씨가 구입한 것은 의약품이 아님에도 당뇨를 포함한 성인병에 특효라고 광고한 점에서 정식 제조나 판매승인을 받지 못할 가능성이 높습니다. 그리고 실제로 복용 후 공복 혈당이 오히려 올랐다는 점에서 허위 과장광고를 통해 물건을 판매하였다는 점에서 사기죄에 해당합니다.

20

돈 줄 테니 카드 빌려줘 - 카드대납 사기

퇴직 이후 별다른 일 없이 지내던 유 씨(67세)는 신용카드로 재테크를 할 수 있다는 광고를 보고 전화를 걸었다. 전화 속 남자는 카드 한 장 발급받을 수 있는 신용만 있으면 돈을 벌 수 있다면서 타인의 세금을 카드대납해 주면, 결제금액과 수수료를 6개월로 나누어 결제일 이전에 매월 지급하겠다고 했다. 현금이 아쉬웠던 유 씨는 사업하는 사위의 신용카드를 빌려 그 남성에게 전달했다. 그후 2차례에 걸쳐 700만 원의 세금이 결제되었다는 메시지가 왔고, 처음 3달은 결제일 전 유 씨의 계좌로 대납금액과 수수료 10만 원이 정확히 입금되었다. 그런데 무엇인가 이상하다고 느낀 것은 지난 주 금요일 저녁. 무려 5차례에 걸쳐 2,100만 원 상당 세금이 결제되었다는 문자를 받고 나서였다. 액수가 너무크다 싶어 경위를 확인하려고 전화를 걸었지만 그 남자는 전화를 받지 않았다. 불길한 예상처럼 더 이상 대납금액과 수수료는 입금되지 않았고, 결국 수천 만 원의 카드금액만 남긴 채 연락이 두절되었다.

신용카드는 현대 사회에서 편리한 경제생활을 위해 없어서는 안

되는 필수품입니다. 사례는 신용카드를 이용한 지출 시점과 대금결제의 간격이 짧게는 1개월, 할부를 이용하게 되면 수개월 간격으로 벌어진다는 점을 악용하여 수수료를 미끼로 피해자를 울리는 전형적인 카드대납 사기입니다.

지방세나 범칙금을 대납한다는 내용이 주를 이루지만, 때로는 절세를 하려는데 원자재 매입대금 등을 대납해 주면 수수료를 주겠다는 경우도 있습니다. 내용에 관계없이 피해자를 속여 신용카드로 대신 결제하게 한 후 그 결제대금을 변제하지 않고 잠적하는 수법입니다. 수수료로 지급하겠다는 액수는 결제대금의 월 2% 내외를 보통 제시하는데, 이는 결제금액이 1,000만 원이라면 매월 20만 원에 달하는 금액입니다. 어느 정도 신용이 있다면 누구나 발급받아 사용하는 신용카드로 별다른 부담 없이 20만 원씩을 벌 수 있다는 것은 큰 유혹임에 틀림없습니다.

하지만 몇 개월 지나지 않아 사기꾼은 본색을 드러냅니다. 최소 2~3개월간은 결제대금과 수수료를 제대로 입금해 주는데, 이것은 피해자의 카드 승인 취소를 막고, 더 큰 금액을 대납할 수 있게 하는 미끼입니다. 그러나 사기꾼이 잠적해 버리면 피해자에게는 막대한 카드대금만 고스란히 남게 됩니다. 「여신전문금융업법」상 신용카드는 명의자 본인 이외에는 양도, 대여할 수 없으므로 피해자는 법적으로 그 카드대금을 회피하기도 어렵습니다. 사기죄 성립은 별론으로 하고, 그로 인해 입은 재산상 피해는 다른 어떤 유형보다 구제받기 더 힘듭니다.

GUIDE 1

신용카드 양도, 대여는 어떠한 경우에도 절대 금지!

카드대납 사기는 자신의 명의로 발급받은 신용카드를 절대로 타인에게 양도하거나 대여해서는 안된다는 것 말고는 특별한 예방책이 없습니다. 신용카드 한 장을 발급받게 되면 그 한도만큼 대출받은 현금이 카드에 붙어 있는 것과 다름없습니다. 그런데 사례 주인공처럼 상대가 누구인지도 모르는데, 매월 10만 원에 카드를 맡기는 것은 정말 무모한 행동입니다.

> **GUIDE 2**
>
> 신용카드대납은 현금을 빌려주는 것과 같다.

양도나 대여가 아니라 내가 직접 타인을 위해 결제해 주는 것도 조심하여야 합니다. 신용카드로 타인을 위해 결제할 때마다 대출을 일으켜 그에게 빌려준 것과 동일하기 때문입니다. 당연히 상대가 대금을 변제할 의사와 능력이 충분한지 사전에 검토하여야 할 것입니다.

Legal Advice

신용카드대납 사기도 일반적인 사기 사건과 동일하게 경찰서에 사기죄로 고소하여 수사를 의뢰할 수 있습니다. 다만, 신용카드 결제와 관련하여 사기가 이루어지는 만큼 신용카드회사에 결제책임의 일부를 물을 수 있을지 문제됩니다.

신용카드회사의 책임

카드정보와 **개인정보가 도용되어,** 해당 거래에 대한 결제의사가 전혀 없는 경우에는 피해구제를 받을 가능성이 높습니다.

그러나 사례와 같이 **본인의 의사에** 따라 카드를 결제한 경우에는 카드사에게 책임을 묻기가 어렵습니다.

「할부거래법」상 철회권 내지 항변권에 의한 보호 곤란

할부거래의 경우, 소비자는 할부거래에 관한 법률에 따라 할부계약의 청약을 철회하거나 할부금의 지급을 거절할 수 있습니다.

그러나 위 사례는 **실제 재화나 용역의 거래가 없다는 점에서 「할부거래법」상의 소비자에 해당되지 않습니다.**[69] **따라서 위 법에 따른 청약의 철회 등을 이유로 카드대금결제를 거부할 수 없습니다.**

---

69 금융감독원 소비자경보 2020 – 1호, '신용카드를 이용한 지방세 등 대납사기를 조심하세요! – 소비자경보「주의」발령!'에서 발췌.

03 부

사기피해의
예방과 구제

사기피해방지 제도

_____ 경찰청과 관련 단체에서는 사기피해를 예방하기 위해 ① 사기이력조회 ② 사기방지 금융서비스 ③ 명의도용지키미 ④ 위험전화 알림서비스 등을 제공하고 있습니다.

01. 사기이력의 조회

온라인 거래 전후에 연락처와 계좌번호 등을 조회하여 거래상대방이 인터넷 사기로 경찰에 피해신고된 적이 있는지를 확인할 수 있습니다. 사기이력 조회서비스를 제공하는 곳은 경찰청과 더치트가 있습니다.

[1] 경찰청: 사이버캅 앱(APP)

경찰청은 사이버캅 앱은 구글 플레이스토어, 애플 앱스토어 등에서 무료로 배포하고 있습니다. 사기이력 조회서비스 외에도 다양한 기능이 있으니 꼭 다운받아 활용하는 것을 추천합니다.

> ☑ 최근 3개월 동안 3회 이상 인터넷 사기로 신고된 전화번호 내지 계좌번호 조회(1회 또는 2회 신고된 번호 제외)

- ✅ 전화 수·발신 시 자동으로 알려 주는 기능
- ✅ 스미싱·파밍 탐지(차단) 기능
- ✅ 신종 또는 이슈가 되는 사이버범죄에 신속히 대비할 수 있도록 실시간으로 피해예방 경보 메시지를 발송하고, 이 메시지는 가족이나 친구들과도 공유가 가능합니다.
- ✅ 사이버범죄 신고(상담)
- ✅ 사이버범죄 예방수칙 및 경찰청에서 운영 중인 앱 안내

[2] 더치트(TheCheat)

더치트(TheCheat)는 2006년 1월 4일 개설된 사기피해 정보공유 사이트입니다. **온라인 거래 사기피해자들이 자발적으로 사기꾼의 이름, 아이디, 계좌번호, 휴대전화 번호 등 총 10여 가지의 정보를 공유하고 있**습니다. 이를 통해 사기용의자의 활동 정보를 검색할 수 있습니다.

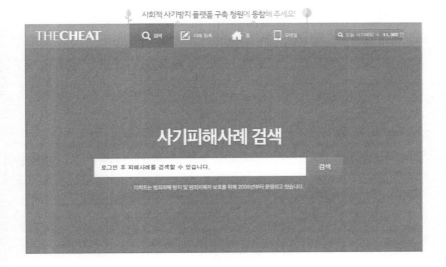

참고로, 사이버캅의 자료는 형사사법정보시스템상의 공식자료에서, 더치트의 자료는 피해자들의 피해사실 공유자료에서 만들어지므로, 내용이 서로 일치하지 않습니다. 따라서 둘 다 거래 전에 조회해 보는 것이 안전합니다.

02. 사기방지 금융서비스

[1] 비대면인출제한제도

전기통신금융 사기피해자가 사기에 이용된 계좌를 지급정지 요청하는 경우에 추가 피해를 방지하기 위하여 해당 금융회사뿐 아니라 그 명의인이 개설한 예금계좌 전부에 대해서 비대면인출거래를 제한합니다.

[2] 지연인출제도

1회에 100만 원 이상 금액이 송금·이체되어 입금된 경우 입금된 때로부터 해당금액 상당액 범위 내에서 30분간 자동화기기(CD/ATM기 등)를 통한 인출·이체가 지연됩니다. 다만 금융회사 창구에서는 즉시 인출·이체가 가능합니다.

[3] 지연이체제도

지연이체제도는 이체 시 수취인 계좌에 일정시간(최소 3시간) 경과 후 입금되도록 하는 서비스를 말합니다(다만 금융회사 창구 거래는 적용되지 않음). 이체신청 후 일정시간 내(최종 이체처리시간 30분 전까지)에는 취소가 가능하며, 이체지연시간은 최소 3시간 이상 일정시간 단위로 선택 가능합니다.

또 지연이체서비스를 이용하더라도 본인이 별도로 건별한도(최대

100만 원)를 설정하여 즉시이체 서비스도 이용 가능합니다. 그리고 해당 은행 본인계좌 간 송금, 사전 등록된 계좌 간 이체 등 일정한 경우 즉시 이체 가능합니다.

[4] 전자금융사기 예방서비스

공인인증서를 재발급받거나(유효기간 내 갱신 제외) 타행(기관)발급 공인인증서를 등록하는 경우 및 인터넷뱅킹을 통해 100만 원 이상(1일 누적기준) 이체하는 경우에는 거래은행 인터넷뱅킹 홈페이지에서 신청하고 본인확인 절차를 강화하여, 다음 중 하나의 방법을 통해 고객이 지정한 단말기에서만 공인인증서 재발급 및 전자자금이체가 가능합니다.

① 보안카드 또는 OTP+휴대전화 SMS 인증
② 2채널 인증(신청은 단말기, 승인은 유선전화 등 별도 채널 이용)
③ 영업점 방문(1회용 비밀번호 인증)

[5] 개인정보노출자 사고 예방시스템

금융소비자의 노출된 개인정보를 타인이 이용해 명의도용 금융거래를 시도하는 것을 방지하는 시스템을 말합니다. 시스템에 등록된 개인정보는 금융회사에 공유되어 금융거래 시 본인확인에 주의를 기하도록 함으로써 사고를 예방합니다.

① PC 또는 휴대전화로 파인(http://fine.fss.or.kr)에 접속하여 개인정보 노출 등록(해제)
② 은행영업점에 방문하여 본인 여부 확인 및 개인정보 노출사실 전파(해제) 신청서 접수

[6] 후후 안심이 서비스

후후앤컴퍼니는 전화번호DB와 BigData를 바탕으로 한 스팸차단 앱 회사입니다. 대표적인 서비스로 ① 스팸번호 등 수신 전화번호의 정보제공, ② 보이스피싱 등 위험 전화번호의 경우 보호자에게 즉시 알림 및 경고음 발송기능, ③ 보이스피싱에 이용되는 전화 통화 가로채기 방지기능이 있습니다. 위 앱은 안드로이드 플레이스토어 등에서 다운받을 수 있습니다.

최근 대구지방경찰청과 (주)후후앤컴퍼니가 23일 업무협약을 체결하고 보이스피싱 피해예방에 집중하기로 했습니다.[1] 협약에 따라 대구경찰은 후후 앱을 통해 보이스피싱 정보를 제공하는 한편, 대구경찰청을 사칭하는 범죄를 예방하기 위해 공용전화번호를 후후 앱 안심전화번호로 등록하기로 하였습니다. 반면 (주)후후앤컴퍼니는 앱을 통해 탐지되는 보이스피싱 등 범죄 의심 상황을 포착 후 대구경찰청에 정보를 제공하기로 하였습니다.

---

1 대구신문(2020.5.10.), '대구경찰, 후후 앱 손 잡고 보이스피싱 예방', 강나리 기자.

03. 유료서비스

[1] 명의도용지키미 및 신청사기방지시스템

유료서비스이기는 하나, NICE평가정보 (주)에서 운용하는 명의도용지키미서비스가 있습니다.

온라인상에서 사용한 ① 주민번호인증, 휴대전화인증, 신용카드인증, 아이핀인증 등 모든 인증내역을 조회할 수 있고, ② 본인인증 시도알림, ③ 인증차단, ④ 명의도용사기 피해보상까지 서비스를 제공하고 있습니다.

[2] 통신사의 PASS 세이프가드

이동통신 3사와 핀테크 기업 아톤(ATON)이 공동 서비스하는 전자 인증서비스 PASS가 있습니다. 이미 일상생활에서 많이 활용하는 전자인증서비스입니다.

PASS 앱은 ① 금융 사기 모니터링(은행, 증권사, 카드, 보험사, 대부업권의 인증 정보 모니터링) ② 금융 기관 인증내역 알림, ③ 금융 사고 신고(의심 거래에 대해 즉시 신고센터 연락처 제공), ④ 금융 사고 보상(금융 사기, 법률비용, 휴대전화 수리비용 보상) 등을 유료로 제공하고 있습니다.

피해발생 시 긴급 대처방법

_____ 사기피해를 입게되면 당황스럽지만, 관련기관에 신속히 신고하여 손해를 최소화할 수 있어야 합니다.

01. 112신고를 통한 지급정지의 신청

특히 보이스피싱 등 사기범죄로 금전 피해를 입은 경우 무엇보다 중요한 것은 이체한 금액의 지급을 정지하는 것입니다. 지급정지의 신청은 범죄신고 112를 통해 할 수 있고, 신고를 접수한 경찰관은 은행에 범죄계좌의 지급정지를 요청하게 됩니다. 이때 **피해금액이 인출되기 전**이라면, 소정의 절차를 거쳐 피해금액을 환급받을 수 있습니다.

다만 중고나라 사기와 같은 일반적인 온라인 물품 사기의 경우 지급정지의 대상이 되지 않습니다.[2] 따라서 **위 법에 근거하여 지급정**

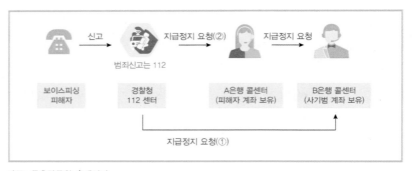

자료: 금융감독원 홈페이지

---

2 제2조2호 "전기통신금융사기"란 「전기통신기본법」 제2조제1호에 따른 전기통신을 이용하여 타인을 기망(欺罔)·공갈(恐喝)함으로써 재산상의 이익을 취하거나 제3자에게 재산상의 이익을 취하게 하는 다음 각 목의 행위를 말한다. 다만, 재화의 공급 또는 용역의 제공 등을 가장한 행위는 제외하되, 대출의 제공·알선·중개를 가장한 행위는 포함한다.
  가. 자금을 송금·이체하도록 하는 행위
  나. 개인정보를 알아내어 자금을 송금·이체하는 행위

지를 요청할 수 없습니다. 다만 지급정지 자체는 위 법이 아닌 경우에도 이루어지는 경우가 있습니다. 착오송금 기타의 사유로 지급정지를 요청할 여지가 있으나 은행의 정책이나 제도의 해석에 따라 거절될 수도 있습니다.

02. 사기피해사실 신고

다음 사기피해사실을 수사기관에 신고하여야 합니다. 사이버경찰청 홈페이지(사이버캅 앱) 등 온라인으로도 접수가 가능합니다. 다만, 사건에 따라서 담당 경찰관이 사실관계 조사를 위해 출석을 요구할 수 있습니다.

보이스피싱 및 전자금융범죄의 피해구제

_____ 최근 인터넷과 전기통신수단을 이용한 피싱, 스미싱 등과 같은 **전자금융을 통한 사기범죄**가 빈번하게 발생하고 있습니다. 이와 관련 「**전자통신금융사기 피해 방지 및 피해금 환급에 관한 특별법**」 (약칭: 「통신사기피해환급법」.), 「**전자금융거래법**」이 시행되고 있습니다. ① 전자는 금융 사기의 피해자가 소송절차를 거치지 않고 피해금을 신속히 돌려받을 수 있도록 **지급정지에 의한 피해금 환급제도**를 규정합니다. ② 후자는 통장대여자를 처벌하며, 전자금융사고로 인한 금융회사와 전자금융업자에 대한 배상책임을 규정하고 있습니다.

01. 「통신사기피해환급법」: 피해금의 환급

피해금 환급절차는 ① 피해구제의 신청 및 지급정지 ② 채권소멸절차 ③ 피해환급금 결정 및 지급절차를 거칩니다. 이와 같은 환급절차는 금융감독원 보이스피싱지킴이(http://phishing-keeper.fss.or.kr) 사이트를 통해 이용할 수 있습니다.

[1] 피해구제의 신청과 지급정지

피해자는 112신고를 통해 피해구제 및 지급정지를 요청해야 합니다. 이 경우 3일 이내에 피해구제신청서, 피해자의 신분증 사본, 수사기관의 피해신고확인서를 제출하여야 합니다.

[2] 채권소멸절차(2개월)

금융회사는 지급정지 후 금감원에 채권소멸절차 개시 공고를 요청합니다. 금감원의 개시 공고 후 이의제기 없이 2개월이 경과하면 사기이용계좌 명의인의 채권은 소멸합니다. 사기이용계좌 명의인은

채권소멸 공고기간 중 사기계좌가 아니라는 사실을 소명하여 지급정지에 대해 이의제기를 할 수 있습니다. 채권소멸절차 개시공고는 위홈페이지에서 확인할 수 있습니다.

다만 소멸대상채권금액은 사기이용계좌와 관련된 피해자의 수의 증감 등에 따라 달라질 수 있습니다.

[3] 피해환급금 결정 및 지급절차(14일)

금감원은 채권소멸일로부터 14일 이내에 환급금액 결정을 하고 금융회사는 지체 없이 피해자에게 환급하게 됩니다.

02. 전자금융범죄의 종류

파밍, 피싱, 스미싱 등과 같은 금융 사기는 법률에서 명시적으로 규정하고 있지는 않지만, 일반적으로 기존 금융범죄와 차별화하기 위하여 신종금융범죄(사기)또는 신·변종 전자금융범죄(사기), 전기통신금융사기 또는 보이스피싱 등의 용어를 사용하고 있습니다.[3] 그 종류는 아래와 같습니다.

피싱 (phishing)	개인정보(private data)와 낚는다(fishing)의 합성어로, 피해자를 기망 또는 협박하여 개인정보 및 금융거래정보를 요구하거나 피해자의 금전을 이체하도록 하는 수법
스미싱 (smishing)	문자메시지(SMS)와 피싱(phishing)의 합성어로, 문자메시지를 이용하여 소액결제를 유도하거나, 스마트폰에 악성 프로그램을 유포하여 개인정보 및 금융거래정보를 편취하는 수법
파밍 (pharming)	피싱(phishing)과 조작하다(farming)의 합성어로, 피해자 PC를 악성 프로그램에 감염시켜 정상적인 사이트 주소를 입력하더라도 가짜 사이트로 접속되도록 조작한 후 금융거래정보를 빼내 금전을 부당하게 인출하는 수법
메모리해킹	피해자 PC 메모리에 상주한 악성 프로그램으로 인하여 정상 사이트에 접속하더라도 거래오류를 발생시키거나 팝업창을 띄워 금융거래정보를 입력하게 한 후 금전을 부당하게 인출하는 수법

[1] 피싱: 이메일로 가짜 사이트 연결

위와 같은 피싱에 의한 사기피해를 당한 경우 아래와 같이 피해구제를 신청할 수 있습니다.

금전 피해가 발생하지 않은 경우

① 수신한 이메일은 삭제해야 하며, ② 입력했던 금융 정보들은 해당 금융 기관을 통해 변경합니다. ③ 가급적 OTP(일회성 비밀번호 생성기)를 사용합니다.

---

3 법률구조공단, 생활법령/전자금융범죄 편, 이러한 유형은 「전자금융거래법」, 「전기통신금융사기법」의 적용범위와 관련된다.

금전 피해를 입은 경우: 지급정지 및 환급신청

즉시 112신고를 통해 지급정지를 신청합니다. 피싱에 의한 사기 피해를 당한 이후라도 범인이 돈을 인출하기 전에는 「전기통신금융 사기 피해 방지 및 피해금 환급에 관한 특별법」에 따라, 즉시 은행에 지급정지 요청을 할 수 있습니다.

피싱사이트 신고하기

금융거래정보를 빼내기 위해 은행 등의 홈페이지를 모방한 가짜 홈페이지로 의심되거나 확인된 경우에는 해당 사이트를 신고하여 추가적인 피해를 막아야 합니다.

▶ 한국인터넷진흥원 인터넷침해대응센터
www.krcert.or.kr의 <신고센터118>

[2] 스미싱: 가짜 문자메시지 수법

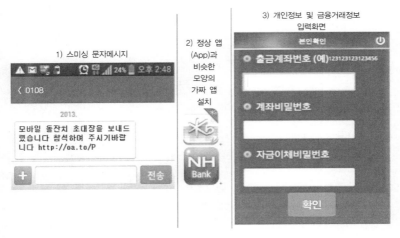

출처: 경찰청 보도자료(2013. 11.), "스미싱의 다양한 수법진화, 이것만은 기억하세요."

대체로 위와 유사한 방법으로 스미싱범죄가 이루어집니다. 만약 스미싱으로 의심되는 문자를 받았다면, ① **경찰청 사이버안전국**(cyberbureau.police.go.kr,☎182)**에 신고하고, ② 이동통신사의 고객센터**(☎114)**에 소액결제서비스 차단신청을 합니다.**

통신과금서비스 이용의 정정 요구

통신과금서비스 이용자는 통신과금서비스가 자신의 의사에 반하여 제공되었음을 안 때에는 통신과금서비스 제공자에게 이에 대한 정정을 요구할 수 있습니다(이용자의 고의 또는 중과실 제외).

그리고 통신과금서비스 제공자는 이용자의 정정 요구가 이유 있을 경우 판매자에 대한 이용대금의 지급을 유보하고 그 정정 요구를 받은 날부터 2주 이내에 처리결과를 알려 주어야 합니다.[4]

이를 위반한 경우 1천만 원 이하의 과태료가 부과됩니다.[5]

휴대전화 소액결제 피해구제방법

① 경찰서에서 발급받은 사건사고 사실확인원을 이동통신사, 게임사, 결제대행사 등 관련 사업자에게 제출하고 피해사실을 신고합니다.

② 결제대행사의 고객센터, 과학기술정보통신부 CS센터(www.epeople.go.kr/☎1335) 또는 휴대전화/ARS결제 중재센터(www.spayment.org/☎1644-2367) 등에 결제취소·환불 등을 적극적으로 요구해야 합니다.

③ 스마트폰 내 '다운로드' 앱을 실행하여 문자를 클릭한 시점 이후에 확장자명이 'apk'인 파일 저장 여부를 확인하고, 해당

---

4 「정보통신망 이용촉진 및 정보보호 등에 관한 법률」 제58조제3항.
5 위 법 제76조제3항제19호 및 제20호.

'apk' 파일을 삭제합니다. 악성 파일이 삭제되지 않는 경우에는 휴대전화 서비스센터에 방문하거나 스마트폰을 초기화해야 합니다.[6]

[3] 파밍: 악성 프로그램 감염

⬤ 가짜 은행사이트(피싱사이트) 예시
출처: 경찰청 보도자료, "파밍(pharming)등 신종금융사기 주의!", 2013. 6. 참조

파밍은 정상적인 사이트에서 금융거래정보를 빼내는 메모리해킹과는 구별됩니다.

피해금 인출 전: 지급정지 및 환급신청

즉시 112신고를 통해 지급정지를 신청합니다. 피싱에 의한 사기 피해를 당한 이후라도 범인이 돈을 인출하기 전에는 「전기통신금융사기 피해금 환급에 관한 특별법」에 따라, 즉시 은행에 지급정지 요청을 할 수 있습니다.

---

6 사이버경찰청-정보마당-경찰자료실-신종금융범죄-스미싱.

악성 프로그램 치료

은행 등 금융회사 홈페이지 접속 시 다음과 같은 증상이 나타나면 이용 중인 PC가 악성 프로그램에 감염되었을 가능성이 있으므로 PC를 치료해야 합니다.

▶ **백신 프로그램을 이용하여 치료하거나 PC를 포맷합니다.**
▶ **한국인터넷진흥원 보호나라**(www.boho.or.kr)의 **< PC원격점검서비스 >**를 통해 원격점검서비스를 받습니다.

한국인터넷진흥원 상담센터 국번없이 ☎118
▶ 파밍캅 프로그램으로 검사를 실시합니다.

악성 프로그램이 감염시킨 hosts 파일의 감염된 사이트 내용을 수정하여 정상 사이트로 접속할 수 있도록 합니다. 파밍캅 프로그램은 경남지방경찰청 홈페이지 등에서 다운로드받을 수 있습니다.

[4] 메모리해킹

파밍 사기는 보안카드번호 전부를 입력하도록 하지만, '메모리해킹'은 보안카드번호 전부가 아니라 2개만 입력하게 하거나 보안강화를 위한 가짜 팝업창을 띄워 보안카드번호를 추가로 입력하게 하는 등 그 수법이 계속 진화하고 있습니다.

① 피해금 인출 전에는 지급정지 및 환급신청을 할 수 있다는 점, ② 해킹 프로그램을 치료하는 방법은 파밍과 동일합니다.

03. 금융회사 등의 전자금융사고에 따른 손해배상

전자금융사고로 인한 개인정보 유출로 피해자는 예금이 인출되거나 대출 채무를 떠안게 되는 피해를 입게 됩니다. 피해자는 대체로 금융회사 등을 상대로 채무부존재확인의 소송을 제기하게 되는데, ①

명의도용을 주장하거나 ② 「전자금융거래법」 제9조에 의한 금융회사 등의 책임을 주장합니다.

[1] 명의도용 주장

명의대여와 구별

① 법원칙상 명의도용이나 위조의 경우에는 원칙적으로 명의자가 책임을 부담하지 않습니다. 과실이 없는 피해자에게 계약상의 책임을 부담시킬 수 없기 때문입니다. ② 그러나 속아서 명의사용을 허락해 준 경우(명의대여)는 명의도용과 다릅니다. 가령 휴대전화 대출 등을 빌미로 돈을 받을 목적으로 휴대전화 개통을 허락하게 되면 비록 속았더라도 휴대전화 명의사용으로 인한 책임을 부담해야 합니다.

휴대전화 개통의 경우

가령 신분증을 도용해 휴대전화를 추가로 개통하는 경우에, 휴대전화 대금과 통신요금을 누가 부담해야 할까요?

대체로 신용정보회사의 채권추심 통보 등으로 휴대전화 명의를 도용당한 사실을 알게 됩니다. 연체 후 통상 3개월 정도 걸리므로, 그때 휴대전화 통신이용계약을 해지하더라도 잘못하면 꼼짝없이 최소 3개월의 요금을 납부해야 합니다. 그런데 온·오프라인 가입신청 모두 주민등록증 내지 주민등록번호와, 본인 전화 확인이 필요합니다. 통신3사는 약관에서 이동전화사업자는 본인 여부 확인 소홀로 인한 피해발생 시 제3자에게 일체의 요금청구 행위를 할 수 없다고 명시하고 있습니다. 만약 전담부서에서 명의도용이 맞는지를 자체 조사한 결과 명의도용이 확인되면, 부과된 요금을 면제 내지 탕감합니다.

「전자문서 및 전자거래 기본법」(약칭: 「전자문서법」)

나아가 본인 의사에 의하지 않은 명의도용의 경우에도, 그 책임을 모두 금융회사에 부담시킬 수는 없습니다. 특히 온라인상에서 대출 신청, 물건구입, 기타 계약체결 등을 하는 경우, 온라인 거래의 특성상 본인의사에 의한 거래가 맞는지 일일이 모두 확인할 수 없기 때문입니다.

이와 관련 「전자문서법」에서는 수신된 전자문서가 **작성자 등의 의사에 기한 것이라고 믿을 만한 정당한 이유가 있는 자에 의하여 송신된 경우 그 전자문서의 수신자는 전자문서에 포함된 의사표시를 작성자의 것으로 보아 행위할 수 있다고** 규정합니다.[7]

대구지방법원 2014. 6. 10. 선고 2013가단58726 판결

이 사안은 대출을 해 준다는 말에 속아 사기꾼에게 통장사본, 신분증 사본, 주민등록등본, 인감증명서 등을 교부하였는데, 이를 이용하여 피해자 몰래 휴대전화를 개통한 사안입니다. 이에 따라 부과된 휴대전화 단말기 대금, 사용 요금, 소액결제대금 등은 합계 5,785,170원이었습니다. 피해자는 대구수성경찰서에 피해자의 명의를 도용하여 휴대전화를 개통하여 사용하였다는 취지로 피해신고를 하였습니다. 이 때 본인인증은 신용카드인증 방식이 사용되었고, 본인의 주민등록번호 등 개인정보와 본인의 신용카드 번호, 신용카드의 비밀번호를 입력하고 공인인증용 비밀번호를 별도로 입력하는 방식으로 정상적으로 진행되었습니다. 이와 관련 피해자는 명의를 도용당했으므로 자신은 책임이 없다고 채무부존재확인소송을 제기했습니다.

그러나 법원은 ① 신용카드 본인인증 방식은 카드 비밀번호 등 개인정보를 알아야 하는 점 등에 비추어 보면, 명의도용을 당하였다는 취지로 피해신고를 하였다는 사정만으로는 명의도용 주장을 믿을 수 없다고 보았습니다.

또한 ② 설령 사기꾼이 피해자의 명의를 도용하여 휴대전화 할부

---

7 같은 법 제7조제2항제2호.

계약을 체결하였더라도, 사기꾼에게 대출에 관한 기본대리권을 부여하면서 중요한 개인정보를 알려 준 점, 본인 외에는 알기 어려운 인적정보 및 신용카드 정보를 통한 실명인증 및 본인확인 절차를 거친 점을 근거로 위 「전자문서법」에 따라, **휴대전화 개통을 위한 계약체결의 의사표시는 피해자의 의사에 기한 것이라고 믿을 만한 정당한 이유가 있는 자에 의하여 송신된 경우라고 보았습니다.**

따라서 중요 개인정보를 직접 범죄인에게 알려 준 경우 등에는 「전자문서법」에 의하여 민사상 책임을 벗어나기 어렵다는 점을 알 수 있습니다.

[2] 금융회사 등의 책임: 「전자금융거래법」 제9조

은행 등에게 손해의 일부를 부담하도록 「전자금융거래법」 제9조에서 규정하고 있습니다. **현실적으로 피해를 배상받을 수 있는 거의 유일한 방법**이므로 자세히 설명하겠습니다.

「전자금융거래법」 제9조에 의하면, **원칙적으로 일정한 전자금융사고에 관하여 금융기관이 법적 책임을 부담**하도록 정하고 있습니다. 따라서 **범인이 이미 돈을 인출한 경우라도, 금융기관을 상대로 채무부존재확인의 소 등을 제기**할 수 있습니다.

제9조 【금융회사 또는 전자금융업자의 책임】 ① 금융회사 또는 전자금융업자는 다음 각 호의 어느 하나에 해당하는 사고로 인하여 이용자에게 손해가 발생한 경우에는 그 손해를 배상할 책임을 진다.

1. 접근매체의 위조나 변조로 발생한 사고
2. 계약체결 또는 거래지시의 전자적 전송이나 처리 과정에서 발생한 사고
3. **전자금융거래를 위한 전자적 장치 또는 「정보통신망 이용촉진 및 정보보호 등에 관한 법률」** 제2조제1항제1호에 따른 정보통신망에 침입하여 거짓이나 그 밖의 부정한 방법으로 획득한 접근매체의 이용으로 발생한 사고

---

[3] 면책사유: 이용자의 고의·중과실의 경우

그런데 예외적으로 피해자의 고의·중과실이 있는 경우, 법적 책임을 면하도록 규정되어 있습니다. 예컨대 ① 접근매체를 **대여, 사용위임, 양도, 담보제공**한 경우, ② 제3자가 접근매체를 이용함을 알았거나 쉽게 알 수 있었음에도 **누설, 노출, 방치**한 경우 ③ 금융회사 또는 전자금융업자의 보안강화를 위한 **추가적인 보안조치를 정당한 사유 없이 거부**한 경우 등입니다.[8] 2가지 판결사례를 통해 중과실이 언제 인정되는지를 알아보겠습니다.

❶ 은행의 배상책임을 부정한 대법원 판결[9]

> 사기꾼이 피해자에게 전화를 걸어 자신을 서울지방검찰청 검사라고 속이고 피해자로 하여금 허위 대검찰청 인터넷 사이트에 접속하게 한 후 피해자의 주민등록번호, 휴대전화번호, 신용카드번호, 예금계좌번호, 각 비밀번호, 보안카드번호, 보안카드 비밀번호를 각 입력하게 하였다. 위 사기꾼은 피해자가 입력한 금융거래정보를 이용하여 피해자 명의의 공인인증서를 재발급받았고, 이를 이용하여 현대카드 주식회사 등 3개의 금융기관으로부터 대출 서비스 등을 받아 그 각 금전을 위 각 예금계좌로 송금받은 다음 다시 제3자 명의의 예금계좌로 송금하였다.

이 사건에서 대법원은, 즉 ① 보이스피싱 사고가 빈발하여 이에 대한 사회적인 경각심이 높아진 상태였던 점, ② 피해자는 당시 만 33세로서 공부방을 운영하는 등 사회경험이 있었고 1년 이상 인터넷뱅킹서비스를 이용하여 왔던 점, ③ 피해자는 조사과정에서 사기꾼으로부터 '001'로 시작되는 국제전화를 받아 순간 이상하다는 생각을

---

8 「전자금융거래법」 시행령 제8조.
9 대법원 2014. 1. 29. 선고 2013다86489 판결.

하였다고 진술하고 있는 점, ④ 그럼에도 피해자는 제3자에게 접근 매체인 공인인증서 발급에 필수적인 계좌번호, 계좌비밀번호, 주민등록번호, 보안카드번호, 보안카드 비밀번호를 모두 알려 준 점 등에 비추어 **이용자의 중대한 과실을 인정**하였습니다.

❷ 은행의 배상책임을 일부 긍정한 최신 하급심 판결[10]

> 피해자는 일요일인 계좌를 통해 지방세를 납부하려고 하였다. 피해자는 금융거래사이트는 주소창에 직접 입력하거나 즐겨찾기로 이용하라는 피고의 권유(전자금융거래 이용자 10계명)에 따라 피해자는 이 사건계좌를 통해 지방세를 납부하기 위해 평소 PC 즐겨찾기에 등록해 놓은 피고 홈페이지에 접속하였다. 그 화면 위로 '금융감독원 사기예방 계좌등록 서비스'라는 팝업창이 나타나자, 금융감독원이 보안강화를 위해 취한 조치로 생각하고 팝업창에 나타난 지시에 따라 이 사건계좌번호, 이 사건계좌의 비밀번호, 공인인증서 비밀번호, OTP번호를 각 입력하였고, 화면상에는 '등록 중'이라는 표시가 나타났다. 곧이어, 금융감독원 직원임을 자칭하는 사기꾼이 피해자 휴대전화로 전화를 하여 '화면에 등록 중이라는 내용이 보이느냐, 계좌가 안전하게 등록 중이다'라고 설명함과 거의 동시에 피해자 휴대전화 문자메시지로 이 사건계좌에서 21,000,000원이 출금되었다는 내용이 전송되었다. 한편 피고 은행은 그의 온라인사이트 게시판에 휴일 1,000,000원 이상의 이체거래에 대하여 휴대전화 SMS 또는 ARS를 통한 추가인증을 실시한다는 공지사항을 게시하였다.

　이 사건 **금융 사고 당시 피고로부터 공인인증서가 재발급되었다는 취지의 문자메시지를 받지 못하여** 공인인증서가 재발급되지는 않은 것이 분명하다고 보아 자신을 제외한 제3자가 피고와의 전자거래를 통해 이 사건계좌로부터 돈을 출금하는 것은 불가능한 것으로 생

---

10 서울중앙지방법원 2017. 1. 18. 선고 2016나46160 판결.

각한 점, 또한 **실제로 계좌이체가 되려면 피고가 고지한 추가인증을 위한 절차가 반드시 실행될 것임을 강하게 신뢰**하였으므로 망설임 없이 OTP 비밀번호 등을 입력한 것으로 보이는 점, 그 후 2,100만 원의 출금문자가 왔고 직후 그 내용을 기망하여 설명하는 사기꾼의 전화를 받은 점 등에 비추어 보면, **결국 피해자의 출금 관련 계좌번호 등 입력행위는 피고의 추가인증절차 관련 게시에 대한 강한 신뢰를 기반으로 한** 점 등에 비추어 **피해자에게 중대한 과실이 있다고 보기 어렵다**고 보았습니다.[11]

행정구제기관의 이용

_____ 우리나라에서는 가장 기본적으로 재산상 피해를 입은 사람을 구제하기 위해 2가지 절차를 마련하고 있습니다. 민사소송과 형사소송입니다. 아쉽게도, 우리나라는 민사절차와 형사절차가 전혀 다르기 때문에 경찰에서 범인을 검거하더라도 피해배상이 자동적으로 이루어지는 것은 아닙니다. 다만 중형을 피하기 위해 사기꾼들은 피해변상 노력을 하게 되므로 손해배상을 받는 경우가 있습니다. 형사절차에서 합의가 이뤄지지 않아 피해변상이 안되는 경우, 민사소송을 진행할 수밖에 없습니다. 민사소송은 상당한 시간과 비용이 소요되며 피해자가 직접 진행해야 하는 부담이 있습니다. 이와 같은 소송 부담을 덜어 주기 위하여 여러 행정기관에서 각종 조정제도를 제공하고 있습니다. 분야별 전문가가 직접 참여하여, 상호양보를 통한 해결방안을 통해 소송보다 더 유연하게 분쟁을 해결하면서도 비용이 거의 들지 않습니다. 또 분쟁조정위원회에서 성립된 조정은 재판상 화해와

---

11 다만 피고 은행의 책임은 과실상계결과 80%만이 인정되었습니다.

동일한 효력이 있습니다. 우리나라는 소비자분쟁조정위원회를 비롯하여 금융, 의료, 전자거래, 환경, 저작권, 개인정보 등 각종 분야의 분쟁을 조정하기 위한 위원회가 개별법에 따라 설치되어 있습니다.

이 가운데 중요기구를 소개합니다.

[1] 열린소비자포털

공정거래위원회에서 운영하는 행복드림열린소비자포털(https://www.consumer.go.kr)에서는 아래 그림과 같이, 정부, 공공, 민간 기관에 분산되어 있는 정보를 맞춤형으로 제공하고 피해구제기관에 대한 종합신청창구를 마련함으로써, 소비생활 중 발생할 수 있는 피해에 대한 예방과 함께 실제 피해가 발생하더라도 이를 쉽게 구제받을 수 있도록 서비스를 지원하고 있습니다.

[2] 한국소비자원

한국소비자보호원은 손쉽게 접근할 수 있는 권리구제수단입니다.

소비자와 사업자 사이에 발생한 분쟁에 관해서 소비자피해구제기구[12]를 통한 합의가 이루어지지 않으면 분쟁의 당사자나 분쟁에 관여한 소비자피해구제기구가 한국소비자원에 설치된 소비자분쟁조정위원회에 분쟁조정을 신청할 수 있습니다.

[3] 금융분쟁조정위원회(국번없이 1332)

금융분쟁조정위원회는 금융감독원의 검사를 받는 금융회사와 금융소비자 사이에 발생하는 금융관련 분쟁의 조정에 관한 심의사항을 의결하기 위해 설치된 기구입니다. 여신, 수신, 신용카드, 횡령사고, 증권, 보험 등 다양한 조정사례가 있습니다.

---

12 소비자의 불만이나 피해를 신속하고 공정하게 처리하기 위해 국가 및 지방자치단체는 소비자피해구제기구를 설치하는 등 필요한 조치를 강구하고 있습니다(서울특별시 소비생활센터 [(02) 6321 - 4289] 등).

금융소비자보호처 홈페이지[13]

[4] 금융투자분쟁조정위원회

금융투자분쟁조정제도란 「자본시장과 금융투자업에 관한 법률」에 따라 금융투자협회 회원의 영업행위와 관련한 분쟁에 대하여 소송에 따른 비용과 시간의 문제점을 해결하고 당사자 간의 원만하고 신속한 분쟁해결을 유도함으로써 시장 참가자들의 편의를 제공하기 위한 제도입니다. **주로 주식 등의 부당권유, 펀드 등 금융투자상품의 불완전판매, 주문 등 관련 분쟁, 일임매매, 임의매매 등에 대한 분쟁조정이 이뤄지고 있습니다.**

---

13 금감원/금융소비자보호처 홈페이지, 각종 민원, 상담, 조회 서비스 등을 제공하고 금융분쟁조정을 신청할 수 있습니다.

민사소송

_____ 행정기관에 의한 조정으로 손해를 제대로 배상받기 어렵다면 민사소송절차를 이용할 수밖에 없습니다. 사기피해배상을 받기 위해 간이한 민사구제절차를 소개합니다.

01. 간이한 민사구제절차

사기꾼으로부터 돈을 되돌려 받는 일은 개인 간의 돈 문제에 불과합니다. 이를 민사관계라고 하고, 원칙적으로 나라에서 관여하지 않고, 개인 간 합의에 따라 처리합니다(사적자치 원칙).[14]

---

14 물론 법률구조공단 등에서 도움을 주기는 합니다.

[1] 내용증명

제일 먼저 상대방에게 돈을 돌려 달라고 요청해야 합니다. 이때 가급적 내용증명[15]을 보내면 좋습니다. 다행히 돈을 돌려주지 못하겠다고 답장이라도 보내 주면 다행입니다. 행방을 감추고 재산도 남아 있지 않다면 민사소송으로 돈을 되찾기 어렵기 때문입니다.

[2] 지급명령(독촉절차)

민사분쟁에서 채권자에게 금전 또는 동일한 종류의 것으로 대체될 수 있는 대체물이나 수표와 같은 유가증권을 지급하라는 청구에 대해 변론이나 판결 없이 곧바로 지급명령을 내리도록 하는 간이소송절차를 독촉절차라고 합니다. 다만 채무자가 명확히 특정되어야 하므로, 인적사항을 알 수 없다면 지급명령절차를 이용할 수 없습니다. 소송절차(소액심판포함)에서 사실조회신청을 하여야 합니다.

지급명령은 분쟁 당사자를 소환하지 않고, 별다른 소명절차도 없으며, 당사자가 신청한 서류만으로 심리한다는 점에서 일반적인 소송절차에 비해 비용이 적게 들고(인지대1/10, 송달료1/3), 청구금액이 정해져 있지 않아 비교적 큰 금액에 대해서도 청구가 가능합니다.

[3] 소액심판과 이행권고결정

소액사건심판은 분쟁금액이 소액인 민사사건을 신속하게 처리하기 위해 재판절차를 모두 밟지 않는 간이절차 방식의 소송입니다. 지

---

15 내용증명은 우체국이 제공하는 우편서비스의 일종입니다. 민사관계에서 자신의 의사표시를 당연히 말로 하거나 휴대전화 메시지 캡쳐 등으로도 할 수 있지만, 말은 나중에 증명하기 어렵고, 전자기기는 위조 가능성이 있습니다. 그렇기 때문에 소송 등에 대비하여 내용증명을 보내게 됩니다.

급명령과 달리 정식 소송절차에 속합니다.

다만 소액사건심판은 분쟁금액이 3,000만 원 이하인 금전이나 그 밖에 동일한 종류의 것으로 대체될 수 있는 대체물이나 유가증권의 지급을 목적으로 하는 제1심의 민사사건을 대상으로 합니다. 소송이 제기되면 법원은 피고(여기서는 사업자)에게 소장 부본이나 제소조서등본 등을 첨부해서 피해자의 청구취지대로 이행할 것을 권고할 수 있습니다. 이행권고를 받은 피고가 2주 이내에 이의신청을 하면, 변론기일을 정해 소액사건심판절차가 진행됩니다. 그러나 피고가 이의신청을 하지 않은 경우 등에는 위 이행권고결정은 확정판결과 같은 효력을 가지게 됩니다.

📄 Tip

> 민사소송에서 법원에 소송을 제기하는 사람은 '피해자', 소송을 당하는 상대방은 '피고'입니다. 소장 작성 시 피해자와 피고의 인적사항으로 이름, 주민번호, 송달주소, 연락처 등을 기재해야 합니다. 그런데 소장에 기재해야 할 피고의 인적사항을 알 수 없는 경우가 있습니다. 특히 사기 사건의 경우 인적사항을 제대로 알 수 없는 경우가 대부분입니다. 이름은 알고 있으나, 주민등록번호 등을 모를 때도 마찬가지입니다. 피해자는 법원을 통해 통신사 등에 대하여 '사실조회신청'을 할 수 있습니다.

전자소송

전자소송은 국민이 인터넷을 이용하여 소를 제기하고 송달을 받으며 전자문서를 확인할 수 있는 소송절차입니다.

02. 대한법률구조공단

대한법률구조공단은 법률구조제도를 제공하고 있습니다. 경제적으로 어렵거나 법을 몰라서 법의 보호를 충분히 받지 못하는 국민에게 ① 법률상담, ② 변호사 등에 의한 소송대리 및 형사변호를 제공하는 **사회복지제도**입니다.[16]

그뿐만 아니라 오랜 기간 축적한 상담 사례를 주제별로 분류해서

---

16 https://www.klac.or.kr/legalstruct/summary.do 법률구조공단 홈페이지 법률구조안내 법률구조 개요 및 절차.

제공하며, 법률지원센터 홈페이지 등을 통해 다양한 법률정보를 제공하고 있습니다.

법률상담

아래 그림과 같이 직접 방문하거나, 전화상담 내지 사이버상담을 진행할 수 있습니다.

상담안내

■ 전화상담 안내

| 국내 (국내거주국민) | → | 국번없이 132 전화연결 | → | 음성 안내에 따라 원하는 정보 선택을 하거나 상담원과 직접 상담 가능 |
| 해외 (재외동포) | → | 82-54-132 전화연결 | | |

※ 통화료는 발신자 부담으로 서비스 제공

■ 사이버상담 안내

| 공단홈페이지 사이버상담 상담신청 | → | 국내거주국민 상담신청 재외동포 상담신청 | → | 법률상담 답변 |

소송구조

❶ 소송서류 무료작성: 법률상담을 통해 법률구조를 신청한 사건의 소송하고자 하는 가액이 1천만 원 이하 소액이면서, 사안이 명백하고 단순한 사건에 대한 소장 및 가압류신청서 등의 소송서류를 무료로 작성해 드립니다.

❷ 소송대리: 천만 원이 넘거나 신청인이 소송수행을 하기 어려운 사건에 대하여는 법률구조공단에서 소송대리 등 모든 법률적인 문제를 처리합니다.

대상자

그러나 소송구조는 법률구조대상자로 제한하고 있습니다. 법률구조대상자는 무료와 유료의 경우가 있습니다. 법률구조공단으로부터 소송지원을 받을 수 있는 **법률구조대상 여부와 비용에 대해서는 홈페이지에 상세히 안내**되어 있습니다. 소득을 기준으로 살펴보면 아래와 같습니다.

[기준 중위소득 125% 이하의 경우]

① 가족관계 미등록자, ② 결혼이민자·귀화자, ③ 경찰·소방공무원, ④ 고엽제후유의증환자, ⑤ 국가보훈보상대상자, ⑥ 국내 거주 외국인, ⑦ 독립유공자 ⑧ 미혼부민 ⑨ 보호대상아동 ⑩ 북한이탈주민 ⑪ 소년·소녀가장 ⑫ 소상공인 ⑬ 영세담배소매인 ⑭ 예술인 ⑮ 의사자 유족, 의사상자와 그 가족 ⑯ 장애인 ⑰ 재도전 기업인 ⑱ 저소득 재해근로자 및 유족(경상남도 소재 사업장 소속에 한함) ⑲ 중·장기복무 제대군인 ⑳ 참전유공자 ㉑ 청년미취업자·대학생 ㉒ 특수임무유공자 ㉓ 한부모가족 ㉔ 5·18민주유공자 ㉕ 6.25전쟁 전시납북자 가족 ㉖ 국민 또는 국내거주 외국인(기준 중위소득 125% 이하) ㉗ 가정폭력·성폭력 피해자 ㉘ 개인회생 및 파산·면책신청대상자 ㉙ 범죄피해자 ㉚ 「주택임대차보호법」상 소액임차인 ㉛ 저소득교통사고피해자 ㉜ 학교폭력피해학생 ㉝ 불법사금융피해자(채무자대리인 선임지원 사건의 채무자)

[기타의 경우]

① **중위소득 150% 이하 농어민**의 경우, 공익예금에 대한 무료 민사·가사 소송대리 ② **최종 3개월 평균 400만 원 미만의 임금 등 체불피해근로자**들에 대한 민사 소송대리 등의 무료법률구조를 받을 수 있습니다. 뿐만 아니라 ③ **국민기초생활수급자 및 차상위자**에 대하여 무료 민·가사, 형사사건 등의 법률구조사업입니다. 아울러 ④ 아동·청

소년대상 성범죄 피해자, 성폭력범죄 피해자, 아동학대범죄 피해아동 사건, 불법사금융피해자(채무자대리인 선임지원 사건의 채무자), 임금 등 체불 및 재해보상 사고 관련 피해선원의 경우에는 **소득의 제한이 없습니다.**

형사소송－수사기관 사용설명서

_____ 형사소송은 범죄자 처벌을 위한 소송절차를 말합니다. 일단 고소를 하게 되면 경찰은 직권으로 증거를 수집하게 되며, 피해자는 오히려 참고인에 불과합니다.

01. 사기죄의 요건

사회생활을 하다 보면 기본적인 법률상식이 필요합니다. 자신이 사기피해를 당한 사실을 수사관 등에게 설명해야 하는 경우가 생기기 때문입니다.

그런데 세칭 사기당했다는 것과, 「형법」상 사기죄는 다소 다릅니다. 거짓말하지 않았다면 사기가 되지 않지만, 거짓말만으로 사기가 되는 것은 아닙니다. 사기죄가 성립하려면 고의로 거짓말(기망행위)하였을 뿐 아니라, 피해자가 거짓말에 속아 돈을 넘겨주어야 합니다(처분행위). 따라서 속여도 속지 않았다면, 그리고 돈을 넘겨주지 않았다면 사기죄가 되지 못합니다. 결국 사기죄는 피해자에 따라 그 성립이 좌우되는 상대적인 범죄입니다. 대법원은 같은 맥락에서 사기죄는 피의자와 피해자의 관계, 피해자의 직업과 사회적 경력, 성격 등을 종합하여 판단하고 있습니다.

그러면 사기죄가 되려면 고소장에 무엇을 써야 할까요? 맞습니다. ① 알면서 일부로 거짓말한 사실(사기의 고의) ② 무엇을 속였는지(기망행위), ③ 그에 속게 된 사실(착오와 인과관계), ④ 돈을 넘겨준 사실(처분행위)이 모두 들어 있어야 합니다. 다음 사례들에서 그 요건을 깊이 이해해 보겠습니다.

[1] 차용금 사기

김대주와 고차주는 친한 친구 사이입니다. 김대주는 고차주에게 고차주의 아버지가 부자인 것을 믿고, 돈을 빌려준 적이 있습니다. 돌려받기 위해 고생한 적이 있어 다시는 빌려주지 않으려고 했습니다. 그런데 고차주가 모친의 급한 병원비에 사용할 것이라며 간청하자, 일단 사람을 살리고 보자는 마음에 돈을 빌려주었습니다. 그런데 알고 보니 실제로는 다른 사채를 갚는 데 돈을 사용했습니다. 김대주도 대출받고 빌려준 돈입니다.

나부자와 오빈자는 어릴 때부터 한 동네에서 자라며, 초등학교, 중학교를 같이 다닌 절친입니다. 나부자는 유복한 부모슬하에서 자라고, 오빈자는 반대였습니다. 나부자는 변변한 직업이 없고 재산이 없는 불쌍한 친구 오빈자의 사정을 잘 알고 있습니다. 비록 돈을 받지 못한 적도 있었지만 가끔 오빈자가 사정하면 못 이겨서 100만 원, 300만 원씩 도와주곤 했습니다. 계속 받지 못하자 나부자는 그만 빌려주어야지 마음먹었지만 이번에는 꼭 갚겠다는 오빈자의 말에 마음이 약해져 다시 300만 원을 빌려주고 말았습니다.

두 사례 가운데 어느 것이 「형법」상 사기죄가 될까요? 네. 사례 1번 입니다. 어떤 차이가 있을까요? 2번 사례는 속인 것이(기망행위) 없습니다. 꼭 갚겠다고 말했지만, 오랜 친구인 나부자는 오빈자가 변변한 직업과 재산이 없다는 사실을 잘 알고 있습니다. 기망행위와 착오가 없습니다.

따라서 사기죄로 고소하기 전에 자신이 무엇에 속았는지, 즉 기망행위의 내용을 분명히 주장하여야 합니다. 차주가 돈이 많았다고 꼭 사기가 안되는 것이 아니며, 차주가 돈이 없다고 꼭 사기가 되는 것은 아닙니다.

대체로 법원에서는 ① 일부변제가 이뤄진 경우 ② 이율이 높은 경우 ③ 평소 거래관계가 있었고 기존에 결제가 정상적으로 이루어진 경우 ④ 지인이나 친족과 같이 변제능력에 대해 잘 알고 있는 경우 ⑤ 은행심사를 거쳐 신용상태를 잘 알고 있는 경우에는 대체로 사기죄 성립을 부정하고 있습니다.

[2] 거짓말하면 모두 사기인가

거짓말을 했다고 모두 사기가 되는 것은 아닙니다. 아래와 같은 사건에서 언제 사기가 되는지 스스로 생각해 보세요.

부동산 중개업자인 강 사장은 독서실 임차권 및 설비 등 양도·양수계약을 중개하게 되었습니다. 강 사장은 피해자로부터 독서실 매물을 찾아 달라는 의뢰를 받고 매물을 물색하였습니다. 합격독서실 사장에게 독서실을 양도할 의향이 있는지 묻자 수수료를 제외하고 권리금 3,000만 원만 받아 주면 독서실을 양도할 의향이 있고, 이보다 더 받는 경우 초과금액은 중개수수료에 충당하여도 좋다고 이야기가 되었습니다. 그런데 **피해자에게는 원래 권리금이 5,000만 원인데 주인과 이야기를 하여 4,000만 원에 해 주겠다고 거짓말을 했습니다.** 그리고 4,000만 원을 받고는, 사장에게는 3,000만 원만 넘겨주고 1,000만 원은 본인이 가져 버렸습니다. 사기일까요?[17]

처벌받는 기망행위와 단순한 거짓말을 구별하는 공식이 있습니다. 바로 **어떤 사정을 알았더라면 금전을 지급하지 않을 것이 경험칙상 명백한 경우**인가 여부입니다.

특히 매매계약에서는 매수인이 매매목적물에 대한 권리를 확보하지 못할 위험이 생길 수 있는 사정에 해당해야 합니다. 따라서 **매매관계에 아무런 영향도 미칠 수 없어 매수인의 권리의 실현에 장애가 되지 못하는 경우는 사기죄가 되지 않습니다.**

대법원은 위 사례에서 **권리금은 기본적으로 각 당사자 스스로 판단에 좇아 결정되어야** 하는 점, 권리금의 초과금액을 중개수수료로 귀속시키는 사항은, 양수인의 권리 실현에 장애가 되지 않는다는 점

---

17 1심은 무죄, 2심은 유죄였으나, 대법원은 무죄취지입니다.

을 근거로, 단지 **중개 과정에서 허용되는 과장된 표현**에 불과하다고 보았습니다.

수사기관이 내 생각과 마음을 모두 헤아려 수사를 진행해 줄 것이라고 생각한다면 큰 오산입니다. 고소를 생각하는 분들은 고소하기 전에 기망행위와 착오의 내용을 무엇으로 쓸지 잘 생각하고, 표현할 수 있도록 준비하는 것이 필요합니다.

02. 고소

경찰서 고소장 접수는 가까운 경찰서에 직접 방문하거나, 우편으로 접수하는 두 가지 방법이 있습니다. 우편으로 접수하면 당장 경찰서에 방문하지 않아도 되어 편리하지만, 사건 담당 수사관이 고소인 조사를 위한 별도의 날짜를 통보할 때까지 기다려야 합니다. 직접 방문하여 경찰서 민원실에 접수하면 즉시 수사팀이 결정되고, 수사관에게 사건이 배당되어 즉일조사가 가능합니다. 신속한 진행을 위한다면 직접 접수하는 편이 좋습니다.

미리 진정서나 고소장을 작성하지 않아도 되니 별도의 비용을 들일 필요는 없습니다. 제출할 수 있는 증거자료(휴대전화 화면 캡쳐, 송금 영수증 등)와 신분증만 지참하면 민원실에서 경찰관의 도움을 받아 작성할 수 있습니다. 다만 사실관계가 복잡한 경우, 미리 정리해서 방문하는 것이 조사 시간을 줄일 수 있습니다.

03. 수사진행과 범인의 검거

고소인 조사 및 증거수집

통상 고소사건은 고소인 조사를 시작으로 본격적으로 수사가 개시됩니다. 언제, 어디에서, 누구에게, 어떤 내용으로 범죄피해를 입었는지 수사관은 고소인을 상대로 조서를 작성하면서 사건 경위를 파악하고 수사방향을 설정합니다. 고소인의 주장이 정리되면, 범죄피해 사실을 중심으로 목격자나 참고인 진술, 피해금이 이체된 내역, 관련 CCTV, 증빙서류 등 증거자료를 관계자로부터 제출받거나 압수하는 방법으로 수집합니다.

피의자 추적 및 검거

충분한 증거가 확보되면 피의자[18]에게 출석을 통보하는데, 만약 피의자를 모르거나, 누구인지 알지만 수사기관의 출석요구에 응하지 않는 경우에는 검거를 위한 추적을 개시합니다. CCTV 확인, 목격자 탐문, 유류지문 수사 등 각종 수사기법을 동원하여 피의자의 인적사항을 특정하고, 특정된 피의자는 그 명의로 개설된 휴대전화, 신용카드 사용내역, 인터넷 접속기록 등을 실시간으로 추적됩니다. 때로는 피의자가 나타날 만한 곳에서 며칠간 잠복하기도 합니다. 피의자를 발견하면 임의동행하거나 체포하여 조사를 진행합니다.

피의자 조사

피의자는 불구속 수사가 원칙이지만, 영장이 발부된 피의자는 체포되거나 구속된 상태로 조사받게 됩니다. 고소내용과 그동안 수집한 증거를 토대로 조사가 이루어지며, 피의자의 변소 내용이 고소인의 주장과 첨예하게 대립할 경우 수사관의 판단에 따라 대질조사가 이루어질 수도 있습니다. 이때 고소인은 피의자와 마찬가지로 변호인의 조력을 받을 수 있고, 범죄사실을 입증할 추가증거를 제출할 수 있습니다.

---

18 형사입건되어 수사 중인 대상자를 피의자라고 합니다.

수사종결

피의자 조사를 마치면, 수사관은 피의자 기소유무에 관한 의견을 작성합니다. 현행 「형사소송법」[19]에 따르면 기소의견 여부와 관계없이 모든 사건은 검찰로 송치하고, 검사가 기소 여부를 결정하게끔 되어 있습니다.[20] 검사는 혐의가 인정될 경우, 기소나 약식기소 또는 기소유예 처분을 하고, 혐의가 인정되지 않는 경우 불기소처분을 함으로써 수사를 종결합니다. 고소인은 경찰에서 검찰로 사건을 송치할 때 사건처리결과, 검사가 불기소처분할 때 불기소처분이유서를 통지받습니다.

기소중지(수배)

끝까지 피의자를 검거하지 못했다면 경찰은 수배조치를 하고, 기소중지 의견으로 검찰에 송치해서 수사기록을 보관합니다. 수배정보

---

19 개정 「형사소송법」은 공포된 2020. 2. 4.에서 6개월이 경과한 날부터 1년 내에 대통령령이 지정하는 시점부터 시행하도록 되어 있습니다.

20 그러나 개정 「형사소송법」(제245조의5)이 시행되면 범죄혐의가 있을 때 검찰로 사건을 송치하고, 그 외는 경찰수사단계에서 종결하게 됩니다. 고소인은 경찰의 수사종결에 이의신청을 할 수 있으며, 이의신청이 있으면 즉시 검찰로 사건을 송치합니다.

> **제245조의5 【사법경찰관의 사건송치 등】** 사법경찰관은 고소·고발 사건을 포함하여 범죄를 수사한 때에는 다음 각 호의 구분에 따른다.
> 1. 범죄의 혐의가 있다고 인정되는 경우에는 지체 없이 검사에게 사건을 송치하고, 관계 서류와 증거물을 검사에게 송부하여야 한다.
> 2. 그 밖의 경우에는 그 이유를 명시한 서면과 함께 관계 서류와 증거물을 지체 없이 검사에게 송부하여야 한다. 이 경우 검사는 송부받은 날부터 90일 이내에 사법경찰관에게 반환하여야 한다.
>
> **제245조의7 【고소인 등의 이의신청】** ① 제245조의6의 통지를 받은 사람은 해당 사법경찰관의 소속 관서의 장에게 이의를 신청할 수 있다.
> ② 사법경찰관은 제1항의 신청이 있는 때에는 지체 없이 검사에게 사건을 송치하고 관계 서류와 증거물을 송부하여야 하며, 처리결과와 그 이유를 제1항의 신청인에게 통지하여야 한다.

는 경찰 전산망에 등록되어, 불심검문 등 경찰관이 신원조회를 할 때마다 즉시 확인할 수 있는데, 수배등급에 따라 현장에서 체포되기도 하고, 수사기관에 출석할 것을 통지받기도 합니다. 피의자가 검거되면 수사는 재개되고 마찬가지로 기소 또는 불기소의견으로 검찰에 송치하게 됩니다.

참고로 수사기간은 고소사건마다 다르지만, 보통 송치하기까지 2개월 정도 소요됩니다. 접수 당일 고소인 조사가 이루어진다고 해도 관련 증거수집 후 피의자 조사까지는 1개월 이상 필요합니다.

만약 피의자를 수배하게 되면 공소시효 기간 동안 피의자가 검거될 때까지 기다려야 하는데, 다행히 피의자를 검거하지 못하고 공소시효가 도과하는 경우는 드문 편입니다. 실제로 2019년 경찰청범죄통계[21]에 따르면 사기범죄의 검거율은 74.9%로서, 그중 전문 사기꾼이 범했다고 볼 수 있는 상습사기 검거는 94.8%에 달합니다. 당장 피의자가 검거되지 않았다고 하더라도 경찰의 수사력을 믿고 차분히 기다리셔도 될 것 같습니다.

04. 배상명령

피해자의 편의를 위해 형사절차에서 민사판결문을 받을 수 있도록 하는 배상명령제도가 있습니다. 사기피해를 입은 경우에도 배상명령제도를 활용할 수 있습니다.

즉 사기피해자는 소송진행 중인 법원에 서면으로 배상명령신청서를 제출하거나[22] 증인으로 피해자가 법정에 출석한 때는 말로 배상명

---

21 http://kosis.kr/statHtml/statHtml.do?orgId=132&tblId=DT_13204_2011_211.
22 「소송촉진 등에 관한 특례법」 제26조제1항·제2항.

령을 신청할 수 있습니다.

확정된 배상명령이 기재된 유죄 판결서의 정본은 「민사집행법」에 따른 강제집행에 관해서는 집행력 있는 민사 판결 정본과 동일한 효력이 있습니다. 따라서 경찰과 검찰의 사건송치와 처리절차를 주시하고 때를 놓치지 않고 배상명령을 신청하여 판결문을 받아 두는 것이 중요합니다.

참고문헌

김영헌, 『속임수의 심리학』, 웅진지식하우스, 2018.

남궁현·심희섭, '범죄자 프로파일링: 과학인가, 과장인가?', 「형사정책연구」 26(3), 2015.

베츠(Betts), 『사기와 경제범죄 수사(Investigation of Fraud and Economic Crime)』, 옥스퍼드 대학출판사, 2017.

서준배, '영국 런던시경의 사기범죄 수사모델과 정책시사점에 관한 연구', 「경찰학연구」 제55호, 2018.

서준배·심희섭, '업무부정의 발생징후와 적발방법에 관한 연구', 「한국경호경비학회」 제53호, 2017.

손재영, '프로파일링 기법을 이용한 범죄수사와 범죄예방의 법적문제', 「토지공법연구」, 2007.

이기수, '조희팔 사건분석을 통해서 본 유사수신행위의 법제도적 문제점 검토', 「범죄수사학 연구」 2(1), 2016.

조지 애커로프·로버트 쉴러, 『피싱의 경제학』, 조성숙 역, 알에이치코리아, 2016.

Albrecht et al., *Fraud Examination* (4th ed.), Cengage Learning, 2012.

Button, *Doing Security*, Palgrave Macmillan, 2008.

Donald Cressey, *Other People's Money: Study in the Social Psychology of Embezzlement*, Free Press, 1953.

Krugman, P. & Wells, R., *Economics* (4th ed.), Worth Publishers, 2015.

Wells, J.T., *Occupational Fraud and Abuse*, Obsidian Publishing Company, 1997.

Padgett, S., *Profiling the Fraudster: Removing the Mask to Prevent and Detect Fraud*, John Wiley & Sons Inc., 2015.

—— 저자 약력

이병우

경찰수사연수원 교무과장(총경), 사기방지연구회장

91년 경찰입문 후 서울 강남서 조사관, 방배·남대문·송파 형사계장, 경남 김해·서울 종암 수사과장, 서울 강북·광진·강동·서초 형사과장 등 대부분의 경찰생활을 일선 수사부서에서 보내면서 수많은 사건을 경험하였지만, 세월이 흐른 지금에는 정작 국민과 사회를 위해 해놓은 것이 없다는 반성에서 뜻이 맞는 교수들과 사기방지연구회를 설립하고 범죄예방교육과 사기방지 시스템구축을 위해 노력하고 있다.

서준배

경찰대학교 행정학과 교수

영국 포츠머스 대학교에서 사기방지에 관한 논문으로 박사학위를 취득하고 지능범죄 분야의 '셜록홈즈'를 꿈꾸고 있다. 미국 UCLA에서 정책학 석사학위 우수논문상을 수상하였고 성균관대학교와 새금융사회 연구소가 운영하는 자금세탁방지 과정을 1기생으로 수료하였다. 현재 경찰대학교에서 학생들에게 부정방지론, 회계부정수사, 금융보안론 등을 강의하고 있다. 대한민국이 정의로운 사회가 되기 위해서는 각종 반칙과 부정범죄가 줄어야 한다고 믿고 있으며 그 목표달성을 위해 노력하고 있다.

김민호

경찰수사연수원 지능범죄수사학과 교수요원, 사기방지연구회 회원

일선 경찰서 경제수사팀장, 지능수사팀장, 그리고 경기남부지방경찰청 국제금융범죄수사팀장으로 16년간 근무하면서 사기당한 약자들의 눈물을 많이 보았다.

범인을 구속시키고도 정작 피해자에게는 단 한 푼 돌려주지 못했던 많은 현실을 안타까워했고, 사기꾼 검거만큼이나 사기예방도 중요하다는 것을 알았다.

가장 효과적인 사기예방 수단은 사기꾼들의 연출을 맥 빠지게 만드는 스포일러라고 믿고 있다. 그래서 오늘도 열심히 사기의 반전을 공개하는 얄미운(?) 짓을 하고 다닌다.

강동필

경찰수사연수원 지능범죄수사학과 교수요원

경제팀장, 수사2계장으로 수사실무를 경험하며 체계적인 실무교재의 필요성을 절감하였다. 연수원에서 『민사법에 기반한 경제범죄수사』(경찰대학출판부, 2017), 『경찰관을 위한 범죄수사법실무』(박영사, 2019)를 집필하고 강의를 진행 중이다.

최근 검찰개혁법 통과, 자치경찰제 추진 등 우리 형사사법체계는 리모델링 중이다. 그런데 누구도 지어보지 않은 집이다. 필자는 안전하고 균형 있는 국민의 집을 마련하기 위해, 교육을 통한 전문성 함양, 수사경찰 상호연대에 의한 자율통제가 무엇보다 중요하다고 믿고 있다. 이를 위해 네이버 BAND(회원 3,000여 명)를 만들어, 수강생들에게 사례 문제와 최신판결례를 제공하고 있다. 같은 방향을 바라보며 함께 배우고 성장할 수 있는 동료가 있음에 감사하다.

■ 설립 취지

　사기방지연구회는 최신 사기유형을 수집 연구하는 경찰수사연수원 교수요원들, 최일선에서 범죄와 전쟁을 벌이는 경찰수사관들, 우리 사회의 각계각층에서 활발하게 활동하고 있는 금융, 암호화폐, 법률, 범죄 전문가들이 모여 2019년 9월 27일 설립되었습니다. 진화하는 사기범죄의 수법과 대응책을 연구하여 그 위험성 및 효과적인 예방법을 홍보하고 피해확산을 사전에 방지하기 위한 대국민 활동과 사업 수행을 진행하기로 뜻을 모으고, 연구회와 함께 설립된 경찰수사연수원 사기방지연구센터와 협력하여 전국 경찰수사망을 통해 수집되는 최신 사기유형에 민관협력으로 공동대응하기로 하였습니다. 실제 사건을 분석하는 범죄수법 연구부터 사기가 존재할 수 없는 사회를 만들기 위한 제도와 정책 마련까지, 지금까지 아무도 걷지 않았던 길을 우리 사기방지연구회가 걸어가고 있습니다.

■ 주요 임원

　사기방지연구회는 2020년 7월 현재 54명의 정회원, 준회원과 운영위원회를 두고 활동하고 있습니다.

　운영위원회는 회장(이병우, 경찰수사연수원 교무과장, 총경), 부회장(경찰대학교 서준배 교수, 동국대학교 황석진 교수), 사무국장(최재훈 경찰수사연수원 교수요원), 감사(김민호 경찰수사연수원 교수요원) 그리고 각 기능별 분과장으로 구성되어 있습니다. 각 기능별 분과는 사이버이용 다중사기(정대용 충북지방경찰청 사이버수사대장), 전기통신이용 다중사기(분과장: 이범주 부천원미경찰서 형사과장, 경정), 금융피라미드이용 다중사기(분과장: 김현수 방배경찰서 지능팀장, 법학박사), 금융사기(분과장: 황석진 부회장 겸임), 보험사기(분과장: 김기용 손해보험협회 공익업무부 과장), 기획협력분과(서준배 부회장 겸임), 분석대책(분과장: 최재훈 사무국장 겸임), 교육홍보(분과장: 문병구 천안동남서 강력팀장)를 세부분과로 두고 있습니다.

■ 활동 내용

2019. 9. 27. 경찰수사연수원 사기방지연구센터 및 사기방지연구회 발족
2019. 9. 27. 제1회 사기방지 세미나 개최
2019. 11. 7. 충남도 아산시 마을가꾸기사업 참여
　　　　　　(대한노인회 아산시지회 사기방지 강의)
2019. 12. 12. 제2회 사기방지 세미나 개최
2020. 5. ~ 　충남도공무원교육원 사기방지교육 출강 중
　　　　　　(2021년부터 사기방지과정 정식 개설 예정)
2020. 6. 　　사기방지전문교재인『사기의 세계』(2020.6. 박영사) 출간
2020. 7. ~ 　경찰수사연수원 '사기방지 및 피해자보호' 과정 운영

사기의 세계
전문가가 알려주는 평생 사기방지비법

초판발행	2020년 6월 30일
중판발행	2020년 8월 10일
지은이	이병우 · 서준배 · 김민호 · 강동필
펴낸이	안종만 · 안상준
편 집	황정원
기획/마케팅	오치웅
표지디자인	이미연
제 작	우인도 · 고철민
펴낸곳	(주) **박영사**
	서울특별시 종로구 새문안로3길 36, 1601
	등록 1959. 3. 11. 제300-1959-1호(倫)
전 화	02)733-6771
f a x	02)736-4818
e-mail	pys@pybook.co.kr
homepage	www.pybook.co.kr
ISBN	979-11-303-1040-4 03330

* 파본은 구입하신 곳에서 교환해 드립니다. 본서의 무단복제행위를 금합니다.
* 저자와 협의하여 인지첩부를 생략합니다.

정 가   13,000원